Friedrich Wieseler

Der Apollon Stroganoff und der Apollon vom Belvedere

Eine archäologische Abhandlung zur Feier des Winckelmannsfestes 1860

Friedrich Wieseler

Der Apollon Stroganoff und der Apollon vom Belvedere
Eine archäologische Abhandlung zur Feier des Winckelmannsfestes 1860

ISBN/EAN: 9783743458369

Hergestellt in Europa, USA, Kanada, Australien, Japan

Cover: Foto ©berggeist007 / pixelio.de

Manufactured and distributed by brebook publishing software (www.brebook.com)

Friedrich Wieseler

Der Apollon Stroganoff und der Apollon vom Belvedere

DER
APOLLON STROGANOFF
UND DER
APOLLON VOM BELVEDERE.

EINE ARCHÄOLOGISCHE ABHANDLUNG

ZUR FEIER DES

WINCKELMANNSFESTES 1860.

IM NAMEN

DES ARCHÄOL. INSTITUTS

DER

GEORG-AUGUSTS-UNIVERSITÄT

VERFASST

VON

FRIEDRICH WIESELER.

NEBST EINER KUPFERTAFEL.

GÖTTINGEN 1861.
DRUCK DER UNIVERSITÄTS-BUCHDRUCKEREI VON E. A. HUTH.

Es ist seit langer Zeit auf dem Gebiete der Kunsterklärung keine Schrift erschienen, welche ein so allgemeines und lebhaftes Interesse in Anspruch nehmen dürfte, als die vor Kurzem herausgegebene: „Apollon Boëdromios, Bronze-Statue im Besitz Seiner Erlaucht des Grafen Sergei Stroganoff, erläutert von Ludolf Stephani. Mit vier Kupfertafeln und 59 Seiten Text in Folio. St. Petersburg, 1860."

Der rühmlichst bekannte Verfasser hat den von Pouqueville Voyage dans la Grèce T. IV, p. 161 erwähnten, ganz aus der Kunde gekommenen Apollon quart de nature, pareil à celui du Belvédère, in einer Bronzestatuette des Grafen Stroganoff, welche ohne die moderne Basis 0,6 eines Französischen Mètre misst, wiederentdeckt; er hat so gut wie nachgewiesen, dass die von Pouqueville zugleich erwähnte tête de Gorgone ursprünglich zu jener Statuette gehörte, und dass diese Stücke einen Theil des berühmten, um das Jahr 1792 in unmittelbarer Nähe von Janina, zu Paramythia, gethanen Fundes von sechszehn Bronzemonumenten ausmachten, von denen bisher nur vierzehn genauer bekannt waren;

hat erkannt, dass die Stroganoff'sche Statuette den Apollon mit einem Fell in der linken Hand darstellte, und dass der Stroganoff'sche Apollon und der vom Belvedere auf ein und dasselbe Original zurückzuführen seien, welches aus der Zeit der höchsten Kunstblüthe stamme. Alles dieses ist so vortrefflich, ja so meisterhaft dargethan, dass auch kaum ein gegründeter Zweifel übrig bleiben kann. Auch die Annahme Stephani's wird ohne Zweifel Beifall finden, nach welcher das genannte Fell nichts Anderes als die Aegis ist. Auf welches andere Fell könnte man auch zunächst rathen, ohne dem Apollon vom Belvedere den Schimmer der Erhabenheit zu nehmen? Jene Annahme ist ganz unumstösslich, wenn es sicher steht, dass sich wirklich an dem oberhalb der linken Hand befindlichen Theile des Fells die Spur einer Schlange erhalten hat. Ja Stephani kann auch noch dann Recht haben, wenn bündig nachgewiesen werden sollte, dass es mit der Schlange Nichts sei, zumal da es erlaubt ist, auch eine nicht mit Schlangen befranzte Aegis anzunehmen *).

---

*) Die Stroganoff'sche Statuette ist auf unserer Kupfertafel in etwas verkleinerter Abbildung nach Stephani's Taf. I wiederholt. Den in Gypsabgüssen und Abbildungen allgemein zugänglichen Apollon vom Belvedere in ganzer Figur noch einmal darstellen zu lassen, hielten wir für nicht nöthig. Wir haben deshalb nur die linke Hand mit der Aegis nach der Restauration auf Stephani's Taf. II

Stephani ist nun weiter der Ansicht, dass das Motiv der Darstellung durchaus von dem Homeri-

---

unter n. β unserer Kupfertaf. gegeben. Ueber die Bronzestatuette bemerkt Stephani S. 6 fl.: „Beim Guss ist, wie man noch deutlich erkennen kann, die Form in fünf Theile zerlegt gewesen. Die Arme und die Beine, die letzteren bis etwas über die Kniee aufwärts, sind besonders gegossen und dann erst an das Hauptstück angelöthet worden. An diesem ist die Bronze sehr dünn gehalten worden, an den vier Extremitäten hingegen weit stärker. Theilweise sind die letzteren sogar massiv. Beim Anlöthen derselben jedoch ist man, wenigstens was die Beine betrifft, mit auffallender Nachlässigkeit verfahren. Keins von beiden ist so genau angesetzt, wie es in der Absicht des Künstlers lag. Am Meisten wird die Wirkung des Ganzen dadurch beeinträchtigt, dass dabei die Spitze der Ferse am linken Beine um ein gutes Stück zu weit nach innen gewendet worden ist. Eine Folge des überaus dünn gehaltenen Gusses am Hauptstück ist es, dass die Statue, als sie in die Hände des Grafen Stroganoff gelangte, in der Gegend der Hüften in zwei Stücke zerbrochen war. Doch war Nichts verloren gegangen und alle natürlichen Zacken des Bruchs waren so vollständig erhalten, dass eine völlig befriedigende Zusammensetzung keiner Schwierigkeit unterlag. Die einzige wesentliche Verletzung also, welcher die Statue im Laufe der Zeiten unterworfen gewesen ist, besteht in der theilweisen Zerstörung des Attributs, welches der Gott in der linken Hand hält." Um die Form dieses Attributs auch denen, welche keine Gelegenheit haben, das Original zu sehen, möglichst deutlich zu machen, hat Stephani auf Taf. I die ganze linke Hand noch besonders von zwei verschiedenen Seiten abbilden lassen. Von diesen Abbildungen ist eine auf unserer Kupfertaf. unter α wiederholt. Seine Besprechung des Attributs auf S. 29 fl. ist so genau und umsichtig, wie man es nur wünschen kann. „Die nähere Betrachtung desselben", berichtet er, „setzt zunächst das ausser Zweifel, dass der fragliche Gegenstand aus einem verhältnissmässig weichen Stoff zu denken ist. Denn an der unmittelbar von der Hand umfassten Stelle

schen Apollon entlehnt sei, welcher die Achäer durch das Schütteln der Aegis in die Flucht jagt,

---

ist es bis auf einen sehr geringen Umfang zusammengepresst, während sich der oberhalb erhaltene Theil frei in verschiedenen Falten über dieselbe ausbreitet. In ähnlicher Weise, aber in noch grösserer Ausdehnung muss sich das Attribut auch unterhalb der Hand erweitert haben. Denn, dass es sich da fortgesetzt hat, geht mit voller Sicherheit aus dem Bruch a—b hervor, der noch alle ursprünglichen Zacken unverändert zeigt und den Blick in das hohle Innere dringen lässt. Dass es aber an dieser Stelle sowohl seiner Länge als auch seiner Breite nach weit grösser war, wird dadurch ausser Zweifel gesetzt, dass es unmittelbar an dem kleinen Finger abbrechen konnte. Dies würde nicht haben geschehen können, wenn der untere Theil nicht viel umfangreicher als der noch vorhandene gewesen wäre. Dieser obere Theil ist mit Ausnahme einer einzigen kleinen Stelle c—d völlig unversehrt, wie er aus der Hand des Künstlers hervorgegangen war. Nur an der genannten Stelle ist, wie die Zacken eines Bruchs zeigen, ein kleines Stück abgebrochen, so dass man auch hier in das hohle Innere hineinsehen kann. Dass aber hier ein kleines Stück abbrach, war nur möglich, wenn sich dasselbe in einer Form, die nur einen sehr geringen Durchmesser hatte, von der dickeren Masse des Attributs absonderte und weit hervorstand. Selbst die Richtung, in welcher dieser dünne Theil angebracht war, kann noch genau bezeichnet werden. Denn auf dem Rücken der Hand ungefähr in der Mitte derselben ist eine kleine, auf der Abbildung mit dem Buchstaben e bezeichnete Erhöhung vorhanden, welche deutlich erkennen lässt, dass hier etwas angelöthet war. Niemand kann bezweifeln, dass sich oben der in Rede stehende Theil des Attributs, der sich an der Stelle c—d von der Hauptmasse absonderte, nach dem Rücken der Hand hinwendete und denselben an dem Puncte e berührte." Hiezu fügen wir noch die auf S. 40 befindlichen Worte Stephani's, welche sich auf die Annahme beziehen, „dass der erhaltene Theil des Attributs alle Eigenschaften besitzt, welche der Aegis zukommen;

vgl. II. XV. 221 fll., 306 fll., besonders 318 fll.
Da inzwischen das Original beider Statuen nicht als

Das Attribut," bemerkt Stephani, „besteht augenscheinlich aus einer Thierhaut. Der von der Hand umfasste Theil zeigt deutlich lange, eng zusammengepresste Falten, die sich über der Hand in natürlicher Weise öffnen und frei ausbreiten. Ob freilich der Künstler eine Schlangenhaut oder ein Ziegenfell im Sinn gehabt habe, ist schwieriger zu bestimmen. Doch dürfte die letztere Annahme den Vorzug verdienen, da von Schuppen keine Spur vorhanden ist und der Detail-Zeichnung die Absicht zu Grunde zu liegen scheint, dem Ganzen einen rauhen, zottigen Charakter zu verleihen. Der bei weitem grössere und breitere Theil der Aegis hing offenbar unterhalb der Hand herab. Hier war auch das dem Beschauer gerade zugewendete Gorgoneion angebracht und der Rand des Ganzen mit zahlreichen Schlangen versehen. An dem oberhalb der Hand befindlichen kleineren Theil der Aegis hingegen war nur eine Schlange vorhanden. Es war dies eben jenes dünne Stück, welches sich, wie wir schon bemerkten, bei c—d von der grösseren Masse absonderte und den Rücken der Hand berührte." Warum Stephani, da er doch selbst am obern Theile bei e nur eine Schlange annimmt, am unteren zahlreiche angebracht wissen wollte, sehe ich nicht ein, obschon mir recht wohl bekannt ist, dass sich zuweilen die Schlangen nur auf zwei Seiten der Aegis finden, wie z. B. El. céramogr. T. I. pl. 9, und dass an dem auf der Brust liegenden Theile der Aegis bei der Statue in den Denkm. d. a Kunst Bd. II. Taf. XX. n. 218 gar keine Schlange sichtbar ist, während an dem Theile, welcher auf den Rücken hinabfällt, die Schlangen nicht fehlen. Dagegen bedarf es kaum der Bemerkung, dass, obgleich wir in den Fällen, in denen die Aegis kreisförmig erscheint, das Gorgoneion stets grade in der Mitte angebracht finden, doch der Platz, welchen ihm der Ergänzer gegeben hat, eben so wenig befremdet, als z. B. der, an welchem es auf der Aegis der Herculanensischen Pallas (Denkm. d. a. Kunst Bd. I. Taf. X. n. 37 = Stephani Taf. IV. n. 1) und der in der Elite céramogr. T. I. pl. 3 erscheint.

Product einer müssigen Phantasie, sondern lebendigen Glaubens zu betrachten sei, als ein Werk, dessen Schöpfer ungleich höhere und weiter gehende Absichten gehegt habe, als die, einige Dichterworte in plastische Form zu bringen, wie wichtig auch der Einfluss gewesen sein möge, den dabei zugleich auch Homerische Schilderungen ausübten, habe man anzunehmen, dass jenes Original aus dem Cultus des Apollon Boëdromios hervorgegangen sei: der Schöpfer des Originals habe den Gott, der in das Schlachtgewühl eilt, um seinen Verehrern Hülfe zu bringen, und die Feinde derselben durch die furchtbare Aegis niederschmettert oder in hastige Flucht schlägt, in seiner vollen Kraft und Jugendblüthe zur Erhebung dankbar frommer Gemüther dargestellt; dabei sei er sicher durch die Homerischen Worte begeistert und geleitet, aber eben so gewiss sei es, dass es ihm dabei ganz fern gelegen habe, von den Beschauern zu verlangen, dass sie nur an eine einzelne, bestimmte That des Gottes denken sollten, am Wenigsten an die von Homer geschilderte, bei welcher der Gott gegen die Griechen kämpfe. Das sind ohne Zweifel die richtigsten Ansichten über ein Original aus der Zeit der höchsten Kunstblüthe. Dennoch glaube ich bezüglich des in Rede stehenden Originals von den Annahmen meines gelehrten Freundes abweichen zu müssen.

Ich habe um so weniger Anstand genommen,

meine Bedenken gegen Stephani's Erklärungsweise in ihrem ganzen Umfange darzulegen, als ich voraussetzen darf, dass ein Gelehrter, der sich in allen seinen der Wissenschaft so erspriesslichen Schriften als einen so gründlichen und wahrheitsliebenden Forscher bekundet, in der Darlegung meiner abweichenden Ansichten nur ein Zeichen gleichen Strebens erkennen wird. Zudem trieb mich zu dieser Darlegung auch der Umstand, dass ich grade der Letzte gewesen bin, der vor Erscheinen der Stephani'schen Schrift über den Apollon vom Belvedere gesprochen hat (in den Denkm. der alten Kunst Bd. II. S. 51 fl., zu Taf. XI. n. 124), dabei aber natürlich Manches nur unvollkommen habe behandeln können, weil mir eben diese lehrreiche Schrift noch nicht zugänglich war.

Meine Bedenken knüpfen sich zunächst an die Aegis als Attribut des Apollon. Wäre es wohl annehmbar, dass Apollon in seiner Eigenschaft als Boëdromios sich zum Niederschmettern oder Fluchterregen eines Gegenstandes bedient hätte, der nicht ihm eigen war, sondern welchen er sich jedes Mal hätte von Zeus entlehnen müssen? Gewiss nicht. Das meint auch Stephani nicht im Mindesten. Er nimmt vielmehr an, dass die Aegis ausser der Athena auch dem Apollon zukomme, und zwar auch ihm als dem Gotte des Lichts und des reinen Aethers. Auch er entlehne sie, wie Athena, nach der ältesten

Vorstellung von Zeus und verwende sie zum Nutzen seiner Verehrer bald als Angriffs-, bald als Schutzwaffe. Dafür werden die betreffenden Stellen aus der Ilias angeführt, ausser den oben angegebenen, XV. 360 fll., XXIV. 18 fll. Diese Schilderungen des alten Dichters seien zu bestimmt, als dass wir bezweifeln könnten, dass den Griechen, für welche die Homerischen Gedichte stets die wichtigste Quelle ihres religiösen Glaubens blieben, die Aegis als Attribut Apollons auch später geläufig geblieben sei. Wenn nun auch bisher noch keine weitere völlig sichere Spur der Aegis bei Apollon nachzuweisen gewesen sei, so gebe es doch einige mehr oder weniger entsprechende Analogien. Als wichtigster Beleg wird dann die Marmorstatue in Mon. d. Inst. arch. T. III. t. 2 beigebracht, die auf Taf. IV. n. 4. 5 der Stephani'schen Schrift von Neuem abgebildet ist. Stephani verkennt nicht, dass es am Nächsten liege, in Betreff dieser, an der linken Schulter und dem linken Arm mit der Aegis bedeckten, verstümmelten Statue an Zeus zu denken. Allein er meint, dem widerspreche der Umstand, dass der neben dem rechten Bein angebrachte Baumstamm deutlich als Dattelpalme gebildet ist. Dieser Baum habe Nichts mit Zeus zu thun, sei aber ein allbekanntes Attribut des Apollon. Freilich würde wegen der für Apollon zu kräftig und mannhaft gehaltenen Bildung der einzelnen Körpertheile wohl die wahrscheinlichste Annahme die sein, dass die Statue bestimmt gewesen sei, einen Römischen Kaiser in der Gestalt des Apollon darzustellen, „und so", schliesst er, „scheinen wir hier in der That ein Beispiel für die Anwendung der Aegis als Attribut des Apollon vor uns zu haben." Der Leser wird von selbst merken, wie vorsichtig sich Stephani ausdrückt. Die Behutsamkeit der Forschung ist keiner der geringsten Vorzüge seiner Schriften. In dem vorliegenden Falle, glaube ich, hatte er doppelten Grund dazu. Jene Marmorstatue stellte ohne Zweifel eher einen Kaiser als Juppiter, denn einen Kaiser als Apollon dar. Das Attribut der Palme ist bekanntlich bei Werken dieser Art und Zeit, welche den Apollon angehen, äusserst selten. Dagegen findet es sich häufig bei Kaisern und männlichen Gliedern der Kaiserlichen Familie, namentlich auch dann, wenn dieselben einen erhöhten, heroisirten oder vergöttlichten Charakter zeigen, wofür Clarac's Mus. de Sculpt. T. V, von pl. 916 A an, Beispiele zur Genüge bringt, unter denen, so viel wir sehen, keins ist, welches dem Gedanken Raum geben könnte, die betreffende Figur sei grade als Apollon gedacht. Die Beziehung der Palme liegt zu Tage. Sie passt grade vortrefflich zu der Anlage der Aegis, wie sie an der Marmorstatue, von welcher wir handeln, vorkommt, da bekanntlich die so oder ähnlich angelegte Aegis bei Bildern des Zeus selber zunächst den Gigantenbesieger andeutet*) und bei dem Bilde eines Kaisers oder Thronfolgers in stehender Haltung diesen als neuen Zeus etwa mit Bezug auf siegreiche Unterdrückung eines Aufstandes oder Beendigung eines gefährlichen Krieges bezeichnen kann **).

---

*) Hieber gehören von Statuen die Leidener bei Janssen Grieksch. en Romeinsch. Beelden en Beeldw., Taf. I, und die beiden bei Clarac Mus. de Sculpt. T. III. pl. 410 C. n. 664 M. u. pl. 410 G. n. 684 D (über welche letzteren ich freilich nicht genauer urtheilen kann, da mir der betreffende Text des Clarac'schen Werks nicht zugänglich ist); von geschnittenen Steinen der Cameo Zulian in den Denkm. d. a. Kunst Bd. II. Taf. I. n. 6, und der bei Gori Dactyl. Smith. T. II. t. 1. Die Leidener Statue kann man als Darstellung eines Juppiter Stator fassen. Doch wird es nicht immer leicht sein, die Begriffe eines Jupp. Imperator und Stator, zumal da dieser Beiname mehrdeutig ist, auseinanderzuhalten. Der Stator führt selbst als Versor (Preller Röm. Mythol. S. 176) unmittelbar zu dem Imperator. In der That gelangte ja auch Zeus eben dadurch, dass er die Giganten besiegte, zur festen Herrschaft. Dass man in Römischer Zeit sich den Juppiter Imperator mit der Aegis dachte, unterliegt mir keinem Zweifel. Selbst in Betreff des Zeus auf den Cameo Zulian steht es in Frage, ob derselbe nicht richtiger als Zeus Herrscher denn als Zeus Gigantenbesieger gefasst wird, so sicher es auch steht, dass auf diesen die Aegis zunächst hindeutet. Auf jenen führt der Eichenkranz.

**) Vgl. Christodor. Ἐκφρ. 94,81., Denkm. d. a. K. Bd. II. Taf. II. n. 24, nebst Text, und Taf. XXXVII. n. 434, so wie auch den anderen Wiener geschn. Stein bei Arneth Ant. Cameen u. s. w. Taf. XVIII. n. 2. — Den oben im Text bezeichneten Bezug der Aegis wird man wohl thun, wo es nur irgend geht, bei Lebenden zunächst vorauszusetzen, obgleich nicht in Abrede gestellt werden soll, dass die Aegis, welche als Auszeichnung irdischer Herrscher zuerst auf Münzen und geschnittenen Steinen der Ptolemäer, gleich von dem ersten Ptolemäos

So steht es unserer Ansicht nach mit dem einzigen Monumente, welches ein in den Texten so belese-

---

en, vorkommt, öfters sicherlich nur zur Bezeichnung der Souveränität dienen soll, wie schon Lenormant Iconographie des Emper. Romains (Trésor de Numism. et de Glypt. Cl. I. Sér. 5) p. 29, z. pl. XV bemerkt hat. Vielleicht ist die Vermuthung erlaubt, dass, wie der Juppiter Imperator mit der Aegis versehen war, so diese auch dem Stellvertreter desselben im Römischen Staate (Preller Röm. Mythol. S. 183) gegeben wurde. Das genannte Werk Lenormant's liefert eine nicht unbedeutende Zahl von Beispielen der Aegis bei Imperatoren auf geschnittenen Steinen, auf denen sie schon bei Julius Cäsar, aber als Divus, gefunden wird, und einige auf Münzen, auf welchen mit ihr nach Lenormant p. 9, z. pl. V. n. 1, in Rom zuerst Galba, in Alexandria schon Nero (s. die Potinmünze pl. XIV. n. 12) erscheint. Wir heben einige Besonderheiten hervor. Eigenthümlich ist es, wenn auf dem Wiener Cameo pl. XV Claudius mit der Aegis dem Tiberius ohne Aegis gegenübergestellt ist, wie Lenormant will und mit ihm Arneth Ant. Cameen u. s. w. S. 20, z. Taf. VIII, während sonst anstatt des Tiberius an Drusus oder gar an Britannicus gedacht wurde; allein wir möchten jene Erklärungsweise wegen des bezeichneten Umstandes nicht anfechten. Ist sie richtig, so ist dem regierenden Kaiser zum Unterschied von einem verstorbenen die Aegis gegeben. — Einige Male kommt die Aegis bei Apotheosirten vor. So bei dem schon erwähnten Julius Cäsar, so ferner bei der berühmten Bronzebüste des Claudius in Madrid (Denkm. d. a. K. Bd. I. Taf. LXVII. n. 359) und bei dem Germanicus auf dem Pariser Cameo in Lenormant's Werk pl. X. n. 15 = Millin's Gal. myth. pl. CLXXVII, bis, n. 677'. Lässt sich hieraus schliessen, dass die Aegis auch als Zeichen der Apotheose galt? Wir glauben es kaum. Cäsar kann die Aegis als Imperator haben, Claudius als wirklicher Kaiser, Germanicus als Feldherr, Adoptivsohn des Tiberius und Vater des Kaisers Caligula, unter dessen Regierung die Darstellung vermuthlich verfertigt ist. — Einige Male ist die Aegis auch dem Princeps Juventutis oder Caesar gegeben. Hiener und so denkmälerkundiger Gelehrter wie Stephani als Beleg der Aegis bei Apollon aufzutreiben vermochte.

---

her gehören nach meiner Meinung der „Caligula" in der Bronzestatuette des Mus. Borbonico bei Clarac Mus. de sculpt. T. V. pl. 933. n. 2374 und der Caracalla auf dem Pariser Cameo bei Lenormant pl. XLII. n. 1. (Auch das Brustbild eines Wiener Cameo mit Aegis über dem Harnisch würde hieher gezogen werden können, wenn es mit Eckhel Choix d. Pierr. grav. pl. VIII auf Hadrian, oder mit Lenormant pl. XXIII. n. 12 auf Domitian zu beziehen wäre [obgleich in diesem Falle die Sache nicht so sicher stände]; allein Arneth stellt a. a. O. z. Taf. VII beide Deutungen in Abrede, indem er vielmehr glaubt, dass Tiberius dargestellt sei.) Ist doch auf einem Bronzequinar des Antoninus Pius der Caesar Marc Aurel, nackt mit Scepter und Blitz dastehend, als Juppiter dargestellt nach Pinder (Ant. Münzen d. K. Mus. z. Berlin S. 175 n. 836, S. 306 fl. zu Taf. II. n. 3), und wenn dieser Gelehrte, wie ich glaube, Recht hat, ebenso und ausserdem noch mit der Aegis auf dem Medaillon desselben Kaisers bei Mionnet Atlas de Géograph. numism. p. 6 und Lenormant Nouv. Gal. myth. pl. VIII. n. 1. Pinder bezeichnet den Marc Aurel in diesen beiden Fällen als Juppiter Juvenis, fügt aber mit der Behutsamkeit, die ihn auszeichnet, hinzu, dass, wenn man die Benennung als Juppiter Stator vorziehen wolle, sich diese Ansicht nicht wohl widerlegen liesse. In der That ist die Darstellung des Berliner Quinars ganz dieselbe, welche namentlich seit Antoninus Pius für den Jupp. Stator oft vorkommt. Die einzige durch beigefügte Inschrift sichere Darstellung eines Römischen Fürsten als Juppiter Juvenis findet sich, soweit ich urtheilen kann, auf Münzen des Commodus; obgleich nicht bloss Rasche Lex. num. T. II. P. 2. p. 885 fl., sondern auch noch Lenormant Nouv. Gal. myth. p. 72 fl. ausser der von Eckhel verworfenen des Domitianus noch eine andere dieses Kaisers mit gleichem Typus und der Umschrift Jovi Juveni anführt. Auf der von Eckhel Doctr. Num. VII. p. 120 fl. besprochenen Münze ist aber Commodus als Kaiser im achtundzwan-

Dafür können wir einen schriftlich unzweifelhaft bezeugten Apollon mit der Aegis nachweisen, aber

zigsten Lebensjahre und bärtig dargestellt. Das passt, wie es scheint, weder zu jenen Darstellungen des Marc Aurel noch zu der Erklärung, die Preller a. a. O. S. 234. A. 2 vom Juppiter Juvenis giebt. Wer bedenkt, dass die Darstellung des Jupp. Juvenis ganz die des Jupp. Stator ist, dass aber dieser von Cicero de Fin. III. 20 mit dem Jupp. Salutaris zusammengestellt wird, der wird vielleicht nicht abgeneigt sein, zu glauben, dass man den Jupp. Juvenis nannte, insofern als man annahm, salutem hominum in ejus esse tutela, indem man etwa das Wort Juvenis mit juvare in Verbindung brachte, wie ja dasselbe in Betreff des Namens Juppiter geschah (Preller a. a. O. S. 166. A. 3 u. 154. A. 1) und in der That juvenis schon von Varro bei Censorinus de Die nat. 14 a juvando hergeleitet wird. Dass nun jene Ansicht wirklich einen Theil der Wahrheit enthält, das scheint unzweifelhaft. Aber auch nur einen Theil. Zunächst ist bei dem Fürsten, der als Juppiter Juvenis gefasst wird, daran zu denken, dass er dem Lebensalter nach juvenis ist. Dieser Begriff des juvenis passt aber ebensowohl auf den Commodus als auf den Marc Aurel der in Rede stehenden Münzen. Auf die Bärtigkeit und Unbärtigkeit kommt Nichts an. Doch ist es vielleicht nicht ohne Belang, zu bemerken, dass Marc Aurel zu der Zeit, da jene Münzen geschlagen wurden, entweder Consul war oder schon Consul gewesen war. Wenn ein Kaiser und ein Kronprinz neben einander stehen, so wird natürlich der letztere als Jupp. Juvenis aufgefasst werden. Ist jenes nicht der Fall, so kann Dieses auch in Betreff des Kaisers geschehen. Findet man doch in späterer Zeit auch den Kaiser selbst als Princeps Juventutis bezeichnet. An den Begriff des Jugendlichen schliesst sich dann bei dem Juppiter Juvenis der des Kräftigen. Mit dem Jupp. Juv. beginnt eine neue Iuventa Imperii, laut der Münzen des Caracalla, welche Eckhel VII. p. 45 fl. berührt (und die, beiläufig gesagt, auch zur Erklärung der Aegis des Caracalla auf dem oben erwähnten Pariser Cameo verwandt werden können). Hienach steht Nichts im Wege, den Marc Aurel auf den er-

einen, auf den vermuthlich Stephani selbst nicht viel geben wird: wir meinen den von Hierapolis in Syrien, von welchem es bei Macrobius Saturn. I. 17. 66 u. 67 heisst: Hierapolitani praeterea, qui sunt gentis Assyriorum, omnes solis effectus atque virtutes ad unius simulachri barbati speciem redigunt,

---

wähnten Münzen mit dem Namen Juppiter Juvenis zu belegen. Als solcher aber hat er ganz die Geltung eines Jupp. Stator, und zwar in allen Beziehungen dieses Beinamens, auch in der, nach welcher der Stator zugleich Versor der Feinde (τροπαῖος) ist. Auf dem Pariser Medaillon deutet der knieend die Himmelskugel tragende Atlas sowohl auf die Besiegung der Titanen oder Giganten als auch, und zwar ganz besonders, auf die Erhaltung und Ordnung des Weltalls. Auf dem Revers der von Eckhel a. a. O. VII. p. 45 besprochenen, auf Marc Aurel bezüglichen Münze mit der Umschrift Juventas hat der in der Linken eine Hasta haltende vir juvenilis in der Rechten ramum, neben sich aber ein tropaeum. Ja ich will nicht durchaus in Abrede stellen, dass die Bezeichnung als Jupp. Juvenis auch auf die Figur des Carneols der Russ. Kaiserl. Sammlung in meinen Denkm. d. a. K. Bd. II. Taf. II. n. 24 passt, welcher sie von Stephani gegeben wird (der auf Taf. IV. n. 3 eine gute Abbildung der Darstellung geliefert hat), vorausgesetzt, dass die Figur nicht den Augustus darstellt. Ebensowohl kann die von mir im Texte zu den Denkm. a. a. O. ebenfalls schon neben dem Marc Aurel des Pariser Medaillons erwähnte lorbeerbekränzte Figur des Wiener Cameo, welche ausser den Attributen des Scepters, Blitzes und Adlers auch ein Tropäum neben sich hat, ein Jupp. Juvenis genannt werden. Aber ich halte es nicht für räthlich, bei Figuren, die nicht sicher auf eine bestimmte Person bezogen werden können, jene noch dazu seltene Bezeichnung in Anwendung zu bringen, zumal bei den in Rede stehenden, in Betreff deren Jemandem leicht die Worte Ovid's im dritten Buche der Fasten in den Sinn kommen könnten: Juppiter est juvenis — fulmina nulla gerit.

eumque Apollinem appellant. Hujus facies prolixa in acutum barba figurata est, eminente super caput calatho: simulachrum thorace munitum est, dextera erectam tenet hastam superstante Victoriae parvulo signo, sinistra floris porrigit speciem, summisque ab humeris Gorgoneum velamentum redimitum anguibus tegit scapulas. Aquilae propter exprimunt instar volatus u. s. w. Es liegt auf der Hand, dass es sich um den orientalischen Sonnengott handelt, welcher bald als Apollon, bald als Zeus, Juppiter, bezeichnet wird *).

Wie kam es, dass Stephani, der doch selbst bemerkt, dass durch die Aegis die Gewitterwolke repräsentirt werde (S. 33) und dass Aegis und Blitz so oft sich entsprechend und verbunden vorkommen (S. 31. A. 12 und S. 35. A. 5), nicht vielmehr darauf aufmerksam machte, dass Apollon mehrfach als Blitzgott vorkommt? Belege dafür habe ich im

---

*) Preller meint, Röm. Mythol. S. 750, dass bei Macrobius von einem Apollon zu Heliopolis die Rede sei. Allerdings sagt Macrobius Sat. 1. 23. 13 ganz Aehnliches über die Art der Orakelgebung im Tempel des Juppiter von Heliopolis wie Lucian de Dea Syria C. 36 über die im Heiligthum von Hierapolis; aber das verschlägt eben Nichts, zumal da nach Macrobius auch zu Heliopolis divinatio ad Apollinis potestatem refertur, qui idem atque sol est. Den bärtigen Apollon zu Hierapolis erwähnt auch Lucian a. a. O. C. 35, aber mit der Angabe, dass er mit Gewändern (εἵμασι) geschmückt sei. Sicherlich berücksichtigen Macrobius und Lucian zwei verschiedene Bilder desselben Gottes.

Bullett. d. Inst. arch., 1852, p. 184 fl., beigebracht, indem ich zugleich den Homerischen Aegisträger mit dem Blitzgott zusammenstellte, wie bald nachher auch Preller Griech. Mythol. Bd. I. S. 79 der ersten Ausg. Doch wäre dieses Letztere besser unterblieben. Blitzgott ist Apollon als Licht- und Sonnengott. Die Aegis aber hat, so viel wir sehen, von Haus aus Nichts mit dem Lichte, der Sonne zu schaffen. Sie bezieht sich ursprünglich und selbst noch später, wo gehörig unterschieden wird, vielmehr nur auf den Sturm, im weiteren Sinne auch auf das ihn begleitende Gewölk *). Die aber gehören zu dem

---

*) Wie bei Homer die Beziehung der Aegis auf den Sturmwind deutlich hervortritt in den Stellen Il. XVII. 593 fl. und XV. 360 fl., so unter den Späteren namentlich in Lucian. Tim. 3: ἀεὶ ἐνεργὸς πάντως ὁ κεραυνὸς ἦν καὶ ἡ αἰγὶς ἐπεσείετο καὶ ἡ βροντὴ ἐπαταγεῖτο καὶ ἡ ἀστραπὴ συνεχὲς ὥσπερ εἰς ἀκροβολισμὸν προηκοντίζετο. Vermuthlich bezieht sich auch das Epitheton „sonans" in Horat. Carm. III. 4. 67, wie das ἔβραχε, welches Quintus Smyrnaeus Posthom. XIV. 443 fl. von der Aegis gebraucht, auf den Sturm, etwa auch das Epitheton „irata" Claudian. de Rapt. Proserp. III. 60. Wenn Servius z. Verg. Aen. VIII. 353 fl. sagt: Credunt se vidisse Jovem, quum saepe nigrantem Aegida concuteret, dextra nimbosque cieret, so denkt er offenbar zunächst an den Sturm, und so verhält es sich selbst bei Sil. Ital. Pun. XII, 720 fl., wenn derselbe den Juppiter bewegen lässt Aegida nimbos flammasque vomentem. Unter ἐρεμνὴ αἰγίς (Hom. Il. IV. 167, Hesiod. Scut. Herc. 444), nigrans aegis (Vergil. a. a. O.) ist wesentlich das zu verstehen, was noch jetzt am schwarzen Meere „schwarzer Sturm" genannt wird (M. Wagner Reise nach Kolchis, Leipz. 1850, S. 214). Der Gebrauch des Wortes αἰγίς für Sturm findet sich selbst noch in der späteren Zeit in der Sprache

Bereich des Zeus Aigiochos und dann zunächst zu dem der Athena, „der Tochter des Aegishalters Zeus" (κούρη Διὸς Αἰγιόχοιο) *). Es ist gewiss nicht ohne

---

lebendig (Aeschyl. Choeph. 591 fl., Pherecrates bei Suidas u. d. W., Aristid. XXXVII. p. 487. 14, Vol. I. p. 725, Dindorf.), um von καται‍γίς und καταιγίζειν zu schweigen. Mit dem Umstande, dass jener ursprüngliche Bezug der Aegis stets lebendig blieb, hängt es auch zusammen, dass ihr Claudianus ein Epitheton wie „irata" geben konnte. Die Stelle des Vergilius ist noch in einer anderen Beziehung interessant. Juppiter schüttelt die Aegis mit der Linken, wie Servius ausdrücklich bemerkt; mit der Rechten ruft er Regen herbei. Auf welche Weise bewirkt er dieses? Die Antwort giebt die in den s. Kunst Bd. II. Taf. II. n 14 Denkm. d. abgebildete Münze von Ephesos, die einen solchen Juppiter Imbricitor (Appulej. de Mund. p. 75) mit erhobenem rechten Arme zeigt, während auf der Hand des ruhig ausgestreckten linken Arms ein Blitzstrahl liegt. — Es sei mir erlaubt, bei Gelegenheit der Stelle des Vergil noch eines anderen Bildwerkes zu gedenken. Bekanntlich brachte Flaminius eine Statue des Zeus Urios aus Macedonien nach Rom, den man hier mit dem Namen Juppiter Imperator belegte (Cicer. in Verr. IV. 57. 128 fl.). Ueber die Weise, wie man sich diese veränderte Benamung zu erklären habe, ist in neueren Zeiten mehrfach die Rede gewesen. Man meint wohl, es müsse etwas Imperatorisches in der Haltung oder in der Bewegung der Hand gelegen haben. Sollte aber nicht der hauptsächlichste Grund darin zu suchen sein, dass der Zeus Urios mit der Aegis dargestellt war (die er freilich nicht **stark geschüttelt** haben wird)? Wir haben schon oben S. 10 fl. Anm. die Aegis als Attribut des Juppiter Imperator, wie uns scheint, in genügender Weise wahrscheinlich gemacht. Die eben vorgetragene Vermuthung kann, wenn sie Beifall findet, zur weitern Bestätigung des oben Angenommenen dienen.

*) Für Apollon's unmittelbare Beziehung auf Wind, Sturm findet sich, so viel mir bekannt ist, auch nicht ein einziger Beleg, während jene bei Zeus und Athena bekanntlich zur Genüge hervor-

Belang, dass bei Homer Il. V. 733 fl. Athena ohne besondere Erlaubniss des Zeus sich mit der Aegis

tritt. Allerdings sendet Apollon bei Homer Il. I. 479 den Achäern günstigen Fahrwind, und wer erinnert sich nicht des formidatus nautis Apollo, welcher Leucatae nimbosa cacumina montis inne hat (Vergil. Aen III 274)? Allein in beiden Fällen handelt es sich zunächst um den Apollon Delphinios, der auf das Meer und die Schiffahrt Bezug hat. Lauer veranschlagt im Syst der griech. Mythol. S. 265 für den Apollon als Blitzgott auch seine Verbindung mit der Ziege, indem er auf Müller's Dorier Bd. I. S. 320. A. 2 (S. 318. A.. 1 der ersten Ausgabe) verweis't. Aber jene Verbindung hat eine ganz andere Bewandtniss. Was die Aix als Tochter des Python (Plutarch. Quaest. Gr. 12) und den ὀμφαλὸς Αἰγαῖος (Hesych. u. d. W.) anlangt, so urtheile ich, dass Python selbst, der ja auch Delphine oder Delphyne hiess, ursprünglich als Αἴξ betrachtet wurde. Der ὀμφαλὸς heisst eben deshalb Αἰγαῖος, weil er als Grabmal des Python galt (Ulrichs Reis. u. Forschungen in Griechenland S. 93 A. 61). Später wurde Αἴξ vom Python getrennt und zu seiner Tochter gemacht. Aehnlich ist in der Sage bei Apollodor I. 6. 3, die in der Korykischen Grotte in Kilikien spielt, Delphyne vom Typhon geschieden, mit welchem sie doch ebensowohl identisch ist als er selbst mit dem Python. Für den wahren Zusammenhang zwischen dem Delphischen Python, den er als Delphine δράκαιναν nennt, und dem Typhoeus, so wie, was in Betreff unserer Ansicht über Αἴξ wohl zu beachten ist, der Chimaira spricht schon der Homerische Hymnus auf den Pythischen Apollon Vs. 189 fl. Nicht unmöglich, dass in der Sage bei Diodoros XVI, 26: λέγεται τὸ πάλαιον αἶγας εὑρεῖν τὸ μαντεῖον, οὗ χάριν αἰεὶ μάλιστα χρηστηριάζουσι μέχρι τοῦ νῦν οἱ Δελφοί, die angebliche Findung des Orakels durch Ziegen eine Erinnerung an die Αἴξ als Inhaberin oder Wächterin desselben enthält. Ich erlaube mir noch die Bemerkung hinzuzufügen, dass, wenn Apollon wirklich die Aegis als gewöhnliches habituelles Attribut gehabt hätte, es ebenso nahe gelegen hätte, dieselbe von der durch ihn getödteten Aix herzuleiten wie bei der Athena von der sehr ähnlichen Aigis, worüber unten.

in dem Gemache ihres Vaters ausrüstet, (man wird unwillkürlich an die vielfach besprochene Stelle über der Athena Verhältniss zum κεραυνός des Zeus in Aeschylos' Eumen. Vs. 826 fll. Dindorf. erinnert), während Il. XV. 221 fll. dem Apollon die Aegis von Zeus durch besonderen Auftrag zugewiesen wird, wobei dieser jenen mit dem auf das Walten mit dem Bogen bezüglichen Epitheton „Fernhintreffender" (Ἑκατηβόλε) anredet, und dass die „Tochter des Aegishalters Zeus" sich bei Homer auch sonst öfters der Aegis bedient, wie wenn diese ihre eigene Waffe wäre, Apollon „der fernhintreffende" oder „der mit dem silbernen Bogen versehene" (ἀργυρότοξος) aber nie, sondern, wo er selbsthandelnd auftritt, stets der Waffen, welche durch die betreffenden Beiwörter angedeutet werden. Es bedarf kaum noch der Berücksichtigung dessen, welcher etwa die Frage stellen wollte, woher es denn komme, dass Apollon in der funfzehnten Rhapsodie der Ilias die Aegis führe, und nicht seine eigentliche Waffe, den Bogen. Doch wollen wir auch darauf antworten. Es kommt daher, weil Apollon im Auftrage, und so zu sagen als Stellvertreter des Zeus handelt; ferner daher, weil es dem Zeus nicht darauf ankommt, die Achäer tödten, sondern nur darauf, sie schrecken und in die Flucht jagen zu lassen. Auch konnte Apollon wohl mit der Aegis, nicht aber mit Bogen und Pfeil „hinstürzen der Danaer Mauer leicht, wie etwa den Sand ein Knab' am Ufer des Meeres." An eine nähere Beziehung der Aegis zu Apollon hat man gewiss nicht zu denken. Freilich sind nach Stephani's und Anderer Annahme die Stellen in der funfzehnten Rhapsodie nicht die einzigen, an welchen die Aegis in der Ilias bei Apollon vorkommt. Der Gott bedeckt nach XXIV. 20 fl. den Leichnam des Hektor, um ihn vor der Verletzung zu schützen, der er bei Gelegenheit der Schleifung durch Achilleus ausgesetzt sein wird, mit „goldener Aegis" ($αἰγίδι\ χρυσείῃ$). Hier wird jetzt meist die Aegis, von welcher wir handeln, verstanden. Ist das richtig, so wird anzunehmen sein, dass Apollon die Aegis zu dem Behufe von Zeus entlehnt habe: eine Annahme, die ja selbst in Betreff der Stellen, an welchen Athena mit der Aegis erscheint, ohne dass ausdrücklich bezeichnet wird, dass diese von Zeus herrühre, nothwendig und auch allgemein zugestanden ist. Von der Theilnahme des Zeus an dem Geschick der Trojaner und Hektors ist zudem bei dem Dichter mehrfach die Rede gewesen. Inzwischen steht, wenn mich mein Gefühl nicht täuscht, selbst das in Frage, ob die goldene Aegis der vierundzwanzigsten Rhapsodie wirklich als die zu betrachten ist, um welche es sich hier handelt [*]).

---

[*]) Ich will nicht viel darauf geben, dass die Aegis des Zeus sonst bei Homer nicht $χρυσείη$ heisst, da doch die $θύσανοι$ an ihr Il. II. 449. $παγχρύσιοι$ genannt werden, und das Epitheton $μαρμαρέη$ Il. XVII. 594. gewiss anders zu beziehen ist. Aber die Verwendung

Wenn wir nun auch zugeben wollen, dass Apollon in der funfzehnten Rhapsodie der Ilias als

---

dieser gewaltigen hochheiligen Waffe, wie man dieselbe sich nach der in Rede stehenden Stelle zu denken hat, wäre doch im höchsten Grade auffallend, so gewiss es auch ist, dass die Aegis das sicherste Schutzmittel war. Wer wollte damit den Umstand vergleichen, dass Athena nach Il. XVIII. 203 fll. die Aegis um die Schultern des lebenden Achill wirft, der die Troer schrecken soll? Auch sehe ich hinterdrein, dass man schon im Alterthum nicht an die eigentliche Aegis dachte. Nach Eustathios p. 1336. 54. ist αἰγίς an der in Rede stehenden Stelle nichts Anderes als ἡ σκιὰ καὶ τὸ νέφος. Allein, um von Anderem abzusehen, was soll dann das Epitheton χρυσείη? Und ganz besonders, wie kann Schatten und Gewölk gegen Verletzung bei der Schleifung schützen? Allerdings bedeckt Apollon Il. XXII. 188 fll. den Platz, wo der Leichnam des Hektor liegt, mit einem κυάνεον νέφος, aber um denselben vor der Einwirkung der Sonnenstrahlen zu schützen. Dagegen sucht nach Il. XXIII. 186 fl. Aphrodite dasselbe, was nach unserer Stelle Apollon dadurch verhindern will, dass er den Leichnam Hektors περὶ αἰγίδι πάντα κάλυπτεν, dadurch zu erreichen, dass sie diesen ῥοδόεντι χρῖεν ἐλαίῳ ἀμβροσίῳ. Sollte nicht an ein goldenes Netzgewebe zu denken sein? Ein solches Netz passt in der That vortrefflich zu dem beabsichtigten Schutz. — Ich kann hier nicht umhin, einen Punkt, in Betreff dessen ich nicht vollständig mit Stephani übereinstimme, beiläufig zu besprechen. Nachdem er S. 32. A. 6, als besonders beachtenswerth hervorgehoben hat, dass die Fläche der Aegis nicht selten auch netzförmig verziert ist, und dann ohne Zweifel mit Recht es für nicht wohl möglich erklärt hat, dass die betreffende Verzierung nur durch eine ungeschickte Ausführung der Schuppen entstanden sei, führt er fort: „Vielmehr scheint es mir unzweifelhaft, dass sie mit der von den Grammatikern so oft wiederholten Erklärung: αἰγὶς τὸ ἐκ τῶν στεμμάτων δίκτυον (Wieseler: Ann. dell' Inst. arch. To. XXIX. S. 178) aufs Engste zusammenhängt. Und so entsteht die Frage, ob nicht auch das Netz, welches in der Regel den Delphischen Omphalos bedeckt,

Boëdromios auftrete, so folgt daraus noch keinesweges, dass ihm in dieser Eigenschaft überhaupt die

---

so wie das der Seher, des Dionysos und der Bakchanten der Aegis der Athena doch näher verwandt ist, als Wieseler in den Götting. Gel. Anz. 1860. Nr. 18. S. 176 anzunehmen scheint. Namentlich wird hiebei zu beachten sein, dass nicht nur die Erinyen (Aeschyl. Sept. Theb. 680. ed. Herm.), sondern auch Dionysos (Paus. II. 35. 1. Schol. zu Aristoph.: Acharn. 146. Nonnos Dionys. XXVII. 302) mit dem Beinamen μελαναιγίς vorkommen." Ist auf den von Stephani angeführten Monumenten, denen etwa El. céramogr. T. II. pl. 69. hinzugefügt werden kann, sowie die interessanten geschn. Steine in Köhler's Ges. Schriften, Bd. IV. Th. 1. Taf. I. n. 2, und in Millin's Pierr. grav. pl. XIII, welchen letzteren man in den Denkm. d. a. Kunst Bd. II. Taf. XX. n. 216. a. wiederholt finden wird, die Verzierung der Aegis der Athena nicht bloss als netzförmige oder flechtwerkartige anzuerkennen, sondern auch als etwas Beabsichtigtes zu betrachten, nicht als ein bedeutungsloser aufgedruckter Schmuck, wie das in El. cér. T. III pl. 44. der Fall ist, — so hängt das gewiss mit dem Umstande zusammen, dass αἰγίς auch so viel bedeutete als „Netz, Flechtwerk." Den besten Pendant liefern die Schilde mit ähnlicher netzförmiger Verzierung, wie sie namentlich bei Amazonen vorkommen; vgl. z. B. die in der unteren Reihe bei Millin Gal. myth. pl. CXXXV, deren Schildoberfläche sich ganz so ausnimmt, wie die der Brustbedeckung der Athena in der El. céramogr. T. I. pl. 57. Hat man jenen Schild mit dem Namen γέρρον zu belegen, einem Worte, welches auf das Genaueste mit jenem bei Hesychios durch αἰγίδες erklärten γοργόνες zusammenhängt, die bei Euripides im Ion 225 als um den Delphischen Omphalos befindlich bezeichnet werden — vielleicht gehört zu demselben Namen auch das Wort *APPA*, *APPH*, dessen mit *E* anlautende Form in dem *EPPHΦOPOI* der Attischen Inschriften zu Tage tritt, vgl. Ross Arch. Aufs. I. S. 86. Anm. 7. —, so stehe ich nicht an, auch die in Rede stehende Verzierung der Aegis als beabsichtigt anzuerkennen. Allein ich kann ihr weiter keine Beziehung beilegen als die, welche eben zu einem Schilde und der Aegis als

Aegis gegeben worden sei. Wer möchte schon an sich daran zweifeln, dass, wenn es sich um die Frage nach der eigentlichen Waffe des Apollon Boëdromios handelt, die Antwort nur auf Bogen und Pfeil lauten könne? Dass diese ausdrücklich als Attribute des Apollon Προστάτης oder Προστατήριος genannt werden, bemerkt Stephani S. 51 selber*).

Schutzwaffen passt. Es ist ja auch ganz natürlich, dass die verschiedene Bedeutung des Wortes αἰγίς auf die Behandlung der Aegis Einfluss hatte; und das sehen wir in zwiefach verschiedener Weise, einmal in der eben auseinandergesetzten, dann darin, dass, da αἰγίς auch Ziegenfell bedeutet, die Aegis auch als zottiges Thierfell dargestellt ist, wie namentlich auf dem von Stephani S. 32. A 3. angeführten Vasengemälde in der El. céramogr. T. I. pl. 55. (ja ich glaube, dass Völkel in Welcker's Zeitschr. f. Kunst S. 160. nicht Unrecht hat, wenn er meint, die Form der Aegis und die Art, wie sie der Pallas zu Cassel, vgl. Denkm. d. a. Kunst Bd. II. Taf. XX. u. 210, und anderen, wie die ebda. n. 217. u. 219. Taf. XXII. n. 239. abgebildeten, angelegt ist, scheine der der Nebris, die Bacchus und sein Gefolge bisweilen trage, nachgebildet zu sein; vgl. auch Schorn in Böttiger's Amalthea Bd. II. V. 211 fl. Das schwarze Ziegenfell des Διόνυσος Μελάναιγις, dessen Farbe unter Anderem das Epitheton des Dionysos Μελανθίδης Conon. Narr. 39. erklären kann, hat mit der netzförmigen, durch ihre Verzierung auf Flechtwerk hinweisenden, wenn nicht selbst aus Flechtwerk bestehenden Aegis nicht das Mindeste zu schaffen, — auch nicht mit dem ἀγρηνόν der Bacchanten —, und noch weniger die μελάναιγις Ἐρινύς bei Aeschylos. Denn, wenn man auch recht wohl annehmen könnte, dass Aeschylos sich die Erinys mit einem schwarzen Ziegenfell bekleidet gedacht habe (vrgl. meine Conjectan. in Aesch. Eumen. p. CXLIV fl.), so liegt es doch wohl auf der Hand, dass bei ihm das betreffende Epitheton in dem metaphorischen Sinne von atram procellam ciens zu fassen sei.

*) Von dem Apollon Αἰγλήτης auf der Insel Anaphe heisst es

Stephani's Scharfsinn weiss freilich noch allerlei ferner liegende Umstände für seine Ansicht zu veranschlagen. Doch scheint mir das Beigebrachte entweder nicht beweiskräftig oder gar gegen ihn verwendbar zu sein. Dorthin gehört z. B. wenn er bemerkt, der eigenthümliche Zug der Sage, dass Theseus unmittelbar vor dem Kampfe, auf welchen die Athenienser die Entstehung des Boëdromienfestes zurückführten, dem Phobos geopfert habe (Plutarch. Thes. 27), sei gewiss nicht bedeutungslos und scheine damit zusammenzuhängen, dass nach dem Glauben der Alten der Anblick der Aegis den höch-

---

in Bezug auf die durch ein Unwetter auf das Aeusserste bedrängten Argonauten bei Conon Narrat. 49: εὐχομένων δὲ καὶ πολλὰ τῶν ἐν τῇ Ἀργοῖ διομένων, Ἀπόλλων, τόξον αὐτῶν ὑπεραναςχών, τὰ δεινὰ διέλυσεν ἅπαντα. καὶ σέλατος ἐξ οὐρανοῦ διαΐσσοντος νῆσον ἀνίσχειν ἡ γῆ ἐκ τοῦ βυθοῦ u. s. w., und ähnlich rettete nach Apollonius Rhodius Argon. 1709 fl. Apollon die Argonauten bei dem tiefen Nachtdunkel dadurch, dass er, auf einem der Melantischen Felsen stehend, „mit der Rechten den goldenen Bogen hoch empor hielt", worauf „die Waffe ringsumher schimmernden Glanz abstrahlte." Hienach bringt Apollon seinen Verehrern selbst da, wo es sich um Hülfe durch Erzeugung von Licht handelt, diese nicht durch die „Aegis des Licht- und Aethergottes", sondern durch den ihm auch in dieser Eigenschaft zustehenden Bogen. Die Version der Sage bei Apollodor. I. 9. 26: Ἀπόλλων δὲ στὰς ἐπὶ τὰς Μελαντίους δειράς, τοξεύσας τῷ βέλει εἰς τὴν θάλασσαν κατέστρεψεν, ist für den Umstand, dass bei Apollon die Eigenschaft als Blitzgott mit der als Lichtgott auf das Engste zusammenhängt, belehrend. Nach Pausanias III. 1. 5. starb Aristodemos von den Pfeilen Apollons getroffen, nach Apollodor II. 8. 2. wurde er vom Blitz erschlagen.

sten Grad des Entsetzens (φόβος) hervorzubringen pflegte. In die andere Kategorie schlägt es, wenn hervorgehoben wird, dass Homer, der nach Stephani's Annahme keinen Anderen als den Boëdromios im Sinne hat, den im Schlachtgewühl mit der Aegis Hülfe bringenden Apollon mit dem Ausdruck ῞Ηιε Φοῖβε anrufe, während wir wissen, dass die Athenienser den in den Boëdromien verehrten Gott mit dem Ausruf ἴε Παιὰν begrüssten (Macrob. Saturn. I. 17. 18); denn, da es unzweifelhaft sei, dass der Beiname ῞Ηιος oder Ἰήιος eben aus dem Ausruf ἴε oder ἰή entstanden sei, so werde dadurch wahrscheinlich, dass Apollon bei Homer der Boëdromios sei, und weiter, dass, wie der Gott bei Homer die Aegis trage, so auch der in den Boëdromien zu Athen verehrte Apollon mit der Aegis zu denken sein werde. Stephani bemerkt selbst auf derselben Seite 53, dass wir den mit ἴε oder ἰή angerufenen Gott wenigstens in späterer Zeit auch als Bogenschützen bezeichnet finden, wofür er S. 51 auf Jan zu Macrob. a. a. O. verweis't, freilich nicht ohne hinzuzufügen, dass, wenn der Ἰήιος oder ῞Ηιος wiederholt als Bogenschütze bezeichnet werde, dies mehr auf etymologischer Erklärung des Namens beruhen dürfte. Gegen die Annahme, dass Apollon bei Homer als Boëdromios betrachtet werden könne, haben wir Nichts einzuwenden; da wir aber auf das Bestimmteste in Abrede stellen müssen, dass die

Aegis bei demselben Dichter als Attribut des Apollon zu fassen sei, so können wir selbstverständlich auch die Parallele zwischen dem Homerischen Apollon und dem der Boëdromien zu Athen, so weit er die Aegis betrifft, nicht gelten lassen, sondern glauben vielmehr, den von Stephani signalisirten Umstand, dass mit dem Zuruf ἴε oder ἰὴ Παιάν, mit dem man in Athen den Apollon Boëdromios anrief, der Gott zuerst begrüsst worden sein sollte, als er den Pythischen Drachen erlegt hatte (Müller Dor. Th. I. S. 298 = 301), könne eher zu Gunsten des Bogenattributs bei dem Atheniensischen Boëdromios veranschlagt werden. Auf Pausanias ist bekanntlich in Betreff der Nichterwähnung von solchen Dingen nicht viel zu geben; so wollen wir denn auch nicht in Anschlag bringen, dass, wenn der Perieget IX. 17. 2, von einer Statue zu Theben handelnd, Nichts weiter sagt, als „in der Nähe sei ein Apollon mit dem Beinamen Boëdromios", die Verschweigung eines Attributs wie die Aegis unendlich mehr befremden würde, als die Nichterwähnung von Bogen, Pfeil und Köcher, den gewöhnlichen Attributen Apollons, die deshalb, wenn sie an der Statue waren, füglich unerwähnt bleiben konnten.

Hienach liesse sich das Thema der Statuette Stroganoff etwa so fassen: Apollon, als Vertreter seines Vaters Zeus gegen drängende Noth Beistand leistend. Unter dieser Noth ist aber am Allerwenigsten Kriegesnoth zu verstehen. Grade die meisten Epitheta, welche dem Apollon mit dem Zeus gemein sind, gehören einem anderen Bereiche an. Vor Allem Διὸς προφήτης ἐστὶ Λοξίας πατρός (Aeschyl. Eum. 19). Und der Bereich des Weissagens mit dem, was unmittelbar damit verbunden ist, dem Wirken als ἰατρόμαντις und τερασκόπος und καθάρσιος, um wieder Aeschylos' Worte zu gebrauchen, ist eben der bezeichnete. Ihm gehört Apollon Παιάν und Ἀλεξίκακος an, ihm auch Apollon Ἀποτρόπαιος, ein Epitheton, das, so viel ich weiss *), bei Zeus nicht vorkommt, und wenn dem so ist, entweder nur zufällig nicht von Zeus bezeugt ist, oder grade deshalb, weil sein Vertreter Apollon diesen Beinamen besonders in Anspruch genommen hatte; während wir durch Schriftstellen wissen, dass jene beiden anderen auch dem Zeus eigen waren. Wir stehen, wenn es sich auf diesem Gebiete um einen bestimmten Namen für den Stroganoff'schen Apollon handelt, keinen Augenblick an, ihn als Apotropaios zu bezeichnen. Auch dem Verfasser des Apollon Boëdromios stand dieser Gedanke keineswegs fern. Er schreibt S. 48, mit Bezug auf die Annahme, dass das Originalwerk nach Homer gearbeitet sei: „Selbst eine Auffassung, welche sich das zu bewältigende Uebel nicht als ein feindliches

---

*) Woher Preller Griech. Myth. I. S. 94 das Epitheton Ἀποτρόπαιος für Zeus kennt, hat er nicht angegeben.

Heer, sondern als eine furchtbare Pest denken wollte, würde der Künstler nicht gradezu ausgeschlossen haben. Denn auch wenn wir uns den Gott einer ganzen, von einer verheerenden Seuche niedergedrückten Stadt gegenüber vorstellen, so ist seine Haltung kaum weniger angemessen, als wenn wir ihn auf feindliche Heerhaufen eindringend denken", und S. 51, wo über das Epitheton Apollon's 'Ἀποτρόπαιος die Rede ist: „Da die Aegis, namentlich das Gorgoneion, als das kräftigste aller Apotropaia galt, so liegt die Vermuthung sehr nahe, dass dieses Attribut auch dem Apollon 'Ἀποτρόπαιος nicht gefehlt haben werde."

Ist inzwischen kein dringender Zwang vorhanden, die Statue nach Homer gearbeitet zu denken — und wir werden weiter unten des Genaueren sehen, dass das keinesweges der Fall ist —, so lässt sich eine Uebertragung der Aegis an Apollon anstatt von Zeus auch von Athena annehmen. Es ist bekannt, dass in den auf uns gekommenen Ueberresten der alten Kunst die Aegis durchaus als habituelles Attribut der Athena erscheint, während sie bei Zeus, dem der Blitz immer habituell bleibt, nur ausnahmsweise vorkommt. Spätere Schriftsteller gehen so weit, dass sie ausdrücklich die Aegis nicht als Eigenthum des Zeus, dem sie den Blitz und Donner beimessen, sondern vielmehr als der Athena gehörig bezeichnen, vrgl. Vergil. Aen. VIII. 426 fll., und Quint.

Smyrn. Posthom. XIV. 445 fll. *). Die Aegis der Pallas wird, wie sonst die des Zeus, von Hephästos und den Kyklopen gearbeitet (Vergil. a. a. O. Vs. 435 fll.). Aber die Göttin verschafft sich dieselbe auch durch eigene Mühwaltung. Nach Euripides Ion. 987 fll. legt sich Athena, nachdem sie die ungeheuerliche Gorgo getödtet, welche die Erdgöttin in Phlegra zur Hülfe für ihre Söhne, die Giganten, geboren hatte, das mit Nattern umgebene Fell vom Rumpfe des Ungethüms als Aegis um die Brust **).

---

*) Doch fehlt es bei den Späteren keinesweges ganz an Stellen, wo Zeus als Inhaber der Aegis erwähnt wird; vgl. Vergil. Aen. VIII. 354., Sil. Ital. Pun. XII. 720 fl. Bei Valer. Flacc. Argon. VI. 173 fll. heisst es: Pallas Aegide terrifica, quam nec Dea lassat habendo, Nec pater, horrentem colubris vultuque tremendam Gorgoneo. Andere Schriftsteller bei Stephani S. 31. Anm. 1.

**) Stephani meint S. 32. Anm. 5., Euripides scheine a. a. O. Vs. 993. die Aegis als eine Schlangenhaut zu bezeichnen; doch sei die Stelle stark verderbt. Die Worte, wie sie gewöhnlich gelesen werden, legen der Gorgo, der Tochter der Ge, $\vartheta\omega\varrho\alpha\varkappa'$ $\dot{\varepsilon}\chi\dot{\iota}\delta\nu\eta\varsigma$ $\pi\varepsilon\varrho\iota\beta\dot{o}\lambda o\iota\varsigma$ $\dot{\omega}\pi\lambda\iota\sigma\mu\dot{\varepsilon}\nu o\nu$ bei. Allerdings sind die obigen Worte verderbt; aber nur leicht. Ich denke, man hat nur $\dot{\varepsilon}\chi\dot{\iota}\delta\nu\eta\varsigma$ in $\dot{\varepsilon}\chi\dot{\iota}\delta\nu\alpha\iota\varsigma$ zu ändern. Also: die Aegis der Athena besteht nach Euripides in der Haut, welche den Rumpf der Gorgo bedeckte. An diesem Rumpfe befanden sich ringsherum Nattern, die mit auf die Aegis übergehen. Die Stelle des Euripides erinnert lebhaft an Darstellungen der Pallas, welche die Aegis nicht an dem Saume, sondern über die Fläche hin mit Schlangen besetzt zeigen, vgl. Gerhard's Etrusk. Spiegel Taf. LXX. u. LXXXVII. und Clarac's Mus. de Sculpt. T. III. pl. 457. n. 845. u. 862 C. n. 842 D., so wie an die des Pallas oder Typhon in den Denkm. d. a. Kunst Bd. II. Taf. LXVII. n. 849., wo kleine Nattern in der Gegend der Scham sichtbar sind. Der Dichter dachte sich den

Nach Apollodoros I. 6. 2, Tzetzes z. Lykophron's Alexandra 355, Cicero de Nat. Deor. III. 23. bedient

Rumpf der Gorgo ohne Zweifel in menschlicher Gestalt. Nahm er dann aber auch eine Aegis an, die, ausserdem dass sie mit Nattern besetzt war, auch eine Bedeckung von Schlangenschuppen hatte? Vielleicht nicht, wenn ihm Darstellungen der Aegis wie die auf den Etrusk. Spiegeln vorschwebten; eher, wenn er sich an solche, wie die in den Denkm. d. a. K. erinnerte. Es ist wahrscheinlich, dass ihm die erdgeborene Gorgo dem unteren Theile nach als schlangenartig galt, also wie ein Gigantenweib oder wie Echidna aussehend. Nun hat freilich der obere menschliche Theil der Giganten auf den uns übrig gebliebenen Denkmälern regelmässig auch menschliche Haut. Aber es ist nicht unmöglich, dass man sich denselben auch mit einer Schlangenhaut dachte. Ich erinnere an die namentlich im Kreise der Seewesen, aber auch im Bakchischen vorkommende Weise, Thiere und Pflanzen des betreffenden Kreises an den menschlichen Theilen der Figuren anzubringen. Bei Plinius Nat. Hist. IX; 5. 4. 9. heisst es freilich: et Nereidum falsa non est (forma), squamis modo hispido corpore etiam qua humanam effigiem habet. Auf einem Relief in Donii Inscr. ant. t. VII. 4. 3. (p. 43.) sieht man aber sogar vollständig menschlich gestaltete Nereiden mit Schuppen über dem ganzen Körper, und es ist doch wohl schwerlich anzunehmen, dass der Verfertiger des Reliefs bei der Darstellung Bezug auf die Nachricht bei Plinius genommen habe. Auch von denjenigen, welche die Aegis der Pallas als die abgezogene Haut des Giganten Pallas betrachteten und eine mit Schlangenschuppen besetzte Aegis im Sinne hatten, können Manche vielmehr an die schuppige Haut des menschlichen als an die des eigentlichen Schlangentheiles gedacht haben. Was man in Betreff der Haut des von Diodor III. 70. erwähnten Ungethüms Aegis annahm, ist aus jenes Schriftstellers Worten nicht zu ersehen. Der mit αἴξ zusammenhängende Name und der Umstand, dass das Feuerspeien der Aegis fast unwillkürlich an die Chimaira erinnert, und der Name ganz besonders an die Aix oder Aega bei Pseudo-Eratosthenes Cataster. 13. und Hygin.

sich Pallas der abgezogenen Haut des von ihr getödteten Giganten oder ihres Vaters Pallas als Schutzwaffe. Diodoros III. 70. kennt die Aegis als Fell des von Athena erlegten feuerspeienden Ungethüms Aegis. Schon Herodotos IV. 189. leitete die Aegis der Palladien nicht von der des Zeus her, sondern vielmehr von der Tracht der Libyssischen Frauen am Tritonischen See, wo Athena ganz besonders hoch verehrt wurde. Endlich wird die Uebertragung der Aegis von Athena auf Apollon nicht nur so beliebig angenommen werden können. Nur dann kann dieselbe als wahrscheinlich gelten, wenn ein anderer näherer Zusammenhang als das halbgeschwisterliche Verhältniss der gewöhnlichen Mythologie zwischen Apollon und Athena nachgewiesen wird oder auch dass Athena in ihrem eigenen Interesse als specifische Schutzgottheit einer bestimmten Stadt ihre Waffe dem Apollon verliehen haben möge,

---

Poet. astron. II. 13. muss zunächst auf ein Ziegenfell führen. Ein bisher so gut wie unbeachtet gebliebener, von Lenormant in der Nouv. Gal. myth. pl. XXVII. n. 8. bekannt gemachter vertieft geschnittener Carneol unbekannten Besitzes zeigt die Gorgo mit Flügeln am Kopfe und mit der Aegis an der Brust, die mit Schuppen und mit Schlangen, aber in einer der gewöhnlichen Weisen, versehen ist. Zudem scheint nicht daran gezweifelt werden zu können, dass wenigstens der Steinschneider, welcher jenen Carneol bearbeitet hat, die Aegis als ein Kleidungsstück, nicht als eignes Fell der Gorgo betrachtete, obgleich daraus noch nicht folgt, dass (die Echtheit des Steins vorausgesetzt) sein erster Vorgänger nicht vielmehr Letzteres gewollt habe.

und dass es nicht unwahrscheinlich sei, wenn man dem Original des in Rede stehenden Werkes zunächst wenigstens eine entsprechende speciellere Beziehung zuschreibe. Beides ist aber recht wohl möglich. Man erinnere sich nur des Ionischen Apollon Patroos als Sohnes der Athena von Hephästos und des Zusammenhanges, in welchem Apollon Patroos und Athena Archegetis (Plutarch. Alcib. C. 2) grade in Athen standen, so wie des Ansehens, welches hier der Sohn neben der Mutter genoss *). Auf Athen aber wird man schon an sich das Original des Apollon Stroganoff mit viel grösserer Wahrscheinlichkeit zurückführen können, als auf irgend eine andere Stadt Griechenlands. Hiezu halte man noch den Umstand, dass Apollon als Apotropaios grade vorzugsweise für Athen bezeugt ist **). Endlich passt denn auch

---

*) Zu Rom, dessen Kaiser Domitianus sich bekanntlich rühmte, ein Sohn der Minerva zu sein, betrachtete man die Aegis an den Bildern dieses Kaisers, nicht wie bei anderen als von Juppiter, sondern als von Minerva auf ihn übergegangen. Vrgl. Martial. Epigr. XIV. 179: Dic mihi, virgo ferox, cum sit tibi cassis et hasta, Quare non habeas aegida? „Caesar habet." Auf den Umstand, dass Macrobius Sat. I. 17. 70. auch die Gorgonea vestis des Hierapolitanischen Apollo von der Minerva herleitet, möchte ich nicht allzuviel bauen; s. oben S. 15. — Bei Nonnos Dionys. XLIII. 76 fll. wird Dionysos aufgefordert, sich des Blitzes und der Aegis seines Vaters Zeus zu bedienen.

**) Den Delphischen Monat 'Ἀποτρόπιος durfte Stephani auf S. 51. in A. 6, wo die Stellen über den 'Ἀ. 'Ἀποτρόπαιος gesammelt sind, nicht nach C. Fr. Hermann „Ueber griech. Monatskunde" S. 75

ganz vortrefflich das dem Apollon vom Belvedere
beigegebene Attribut des Oelbaums, dessen Beziehung
grade auf den Ionischen, der Athena so nahe stehenden Apollon Stark in seinen eindringenden, den
Berichten d. K. Sächs. Ges. d. Wissensch., philol.-
histor. Kl., 1856, einverleibten „Mythol. Parallelen"
S. 54 fll. u. 81 fll. dargethan hat, der bei nachträgli-
cher Besprechung des Apollon vom Belvedere auf S.
119 diese Statue grade wegen des Oelbaumstammes
in den Bereich der Ionischen Apollongestaltungen
gesetzt wissen will. Auch so wird man eher als
an einen Apollon Boëdromios, obgleich auch dieser
zu Athen Ionisch war, vrgl. namentlich Etym. magn.
u. d. W. *Βοηδρ.*, p. 202, geneigt sein, an einen Apollon Apotropaios zu denken, wofür ich nicht weniger
den Umstand veranschlagen möchte, dass der Apollon Patroos von Athen, cujus in tutela, nach Cicero
de Nat. Deor. III. 22, Athenas antiqui historici esse
voluerunt, als *Προστατήριος* Corp. Inscr. Gr. n. 465. =
Denkm. d. a. Kunst Bd. II. Taf. XII. n. 130, für einen
Gesundheitsgott (Demosth. Mid. §. 52) und Abwender nächtlicher Schreckbilder (Soph. Electr. 637 fll.)

---

veranschlagen, da Hermann schon in der ersten Auflage seines Lehr-
buchs der gottesdienstl. Alterthümer Bergk's Ansicht, dass es sich
vielmehr um einen Monat *Ποιτρόπιος = Προςτρόπιος* handele, ge-
billigt hat. Dieselbe Ansicht hatte ich schon vor Erscheinen der
Bergk'schen Beiträge gegen meinen verewigten Collegen mündlich
ausgesprochen.

galt, als den eng damit zusammenhängenden, dass der bekannte Apollon Alexikakos des Kalamis grade vor dem Tempel des Apollon Patroos aufgestellt war (Pausan. I. 3. 3); denn der Schutz des Apollon Patroos dürfte sich nach der Meinung der Athenienser viel weniger auf dem Gebiete kriegerischer Abwehr gezeigt haben, als auf dem der Erhaltung der Stämme und Geschlechter durch Heilung und Sühnnug und Pflegung des jungen Volks, vgl. C. Fr. Hermann Griech. Staatsalterth. §. 100. Anm. 4. u. 5.

Ja, dem Apollon Apotropaios lässt sich die Aegis und das Gorgoneion beilegen, ohne dass man an eine unmittelbare Uebertragung von Zeus oder Athena dächte, und andererseits, ohne dass man die Aegis oder das Gorgoneion als ein habituelles Attribut des Apollon anerkennte *). Das Gorgoneion ist als früh-

---

*) Hat in der That in den beiden von Stephani S. 39 veranschlagten Fällen eine „Verbindung des Gorgoneions mit Apollon" statt, so habe ich Nichts dagegen, dieses unmittelbar auf den Apollon Apotropaios zu beziehen. Der erste Fall — denn es ist nur ein Fall, obgleich sich die Sache mehrfach wiederholt — ist der, dass der Kessel des Apollinischen Dreifusses „mit dem offenbar als Apotropaion gedachten Haupt der Medusa" verziert ist (vgl. z. B. Mus. Pio-Clem. T. VII. t. 41. Mus. Borbon. T. VI. t. 13. n. 14, Denkm. d. a. Kunst Bd. II. Taf. XII. n. 130. a). Meiner Ansicht nach liefern die betreffenden Darstellungen keine so „unzweideutigen Beweise" für jene Verbindung, als Stephani meint. Allein ich will darüber nicht mit ihm rechten. Ist er nicht im Irrthum, so wird man, da der Dreifuss das Attribut der Weissagung und der Heilkunst ist, die abwehrende Kraft, welche das Gorgoneion hat, eben auf dieses

zeitig aus dem Glauben oder vielmehr Aberglauben in den Gebrauch des gewöhnlichen Lebens übergegangenes Apotropaion unzählige Male an allen möglichen Gegenständen angebracht ohne jenen unmittelbaren Bezug auf Zeus oder Athena. Hie und da kann es scheinen, als komme auch die Aegis mit dem Gorgoneion so vor. Doch wüsste ich kein Bildwerk, in Betreff dessen dieser Umstand ganz sicher stände *). Indessen wird Niemand die Möglichkeit

---

Gebiet zu beziehen haben. — Der andere Fall betrifft eine leierspielende Figur einer fragmentirten Metope des Phigalischen Tempels (Stackelberg Apollotempel zu Bassä Taf XXX. n 2.), welche das Gorgoneion, wie auch Stackelberg nachträglich S. 146 anzunehmen nicht abgeneigt war, auf der Brust hat und von jenem S. 97 für Apollon gehalten wird. Ist diese Auffassungsweise richtig, so führt dem Anschein nach das Attribut der Leier von selbst auf die oben bezeichnete Beziehnng des Medusenhaupts. Inzwischen ist hier Welcker's Erinnerung (Kl. Schriften Th. III. S. 85 A. 42.) wohl zu beherzigen. Auch nimmt Stephani mit Recht an der „helmartigen Kopfbedeckung" Anstoss und meint, es sei wohl eher an eine leierspielende Athena zu denken oder an Orpheus, der in drei berühmten Reliefs eine vollkommen (?) entsprechende Kopfbedeckung trage. Bei dem letzteren würde indessen das Gorgoneion noch grösseres Bedenken erregen als bei einem Apollon. Uebrigens kann an sich selbst eine Asiatische Kopfbedeckung bei Apollon nicht befremden, vgl Ad. Michaelis Ann. d. Inst. arch. Vol. XXX. p. 339, ebensowenig als bei der Artemis in den Denkm. d. a K. Bd II. Taf. XIV n. 150., bei der Athena Ilias, vgl. den Text z. Denkm. d. a. K. Bd. II. Taf. XIX. n. 198 b., bei der Aphrodite Kypris, vgl. Text z. D. a. K. Bd. II. Taf. XXVI. n 2-9, um des Dionysos ganz zu geschweigen.

*) Weder bei der Aegis an der Akropolis zu Athen findet dieses statt, trotz der Worte des Pausan. I. 21 4., welche von Stephani

in Abrede stellen wollen. — Die Aegis mit und ohne Gorgoneion kann aber auch noch in anderer Beziehung als in der einer schreckenerregenden Waffe recht wohl ein allgemeines Attribut der Rettungs- und Heilgottheiten gewesen sein. Wem käme nicht wie von selbst eine Vergleichung mit dem Dioskodion (Lauer Syst. d. griech. Mythol. S. 407) in den Sinn? Die Aegis bezieht sich zunächst auf den Sturm. Der Sturm aber ist nicht bloss von schädlichem Einflusse, er dient auch dazu, gesunde Luft und reinen Himmel zu machen *). Man erinnere sich ferner des Umstandes, dass die Adern der Gorgone Medusa ebensowohl heilsames wie verderbliches Blut enthalten (Eurip. Ion. 1006 fll. Matth.), und beides dem Asklepios zu Theil geworden sein sollte (Apollodor. III. 10. 3, Zenob. Prov. I. 18.).

S. 33. Anm. 2., treffend gedeutet sind; noch bei den von Stephani S. 33. A. 9. angeführten Beispielen der kreisförmigen Aegis (denen die bekannte Darstellung auf den Münzen der gens Cordia hinzugefügt werden konnte), so weit sie hiehergehören; noch endlich bei der Aegis mit Gorgoneion auf Schilden, wie z. B. auf dem grossen Pariser Cameo in den Denkm. d. a. Kunst Bd. I. Taf. LXIX. n. 378, und auf dem geschn. Stein in Millin's Gal. myth. pl. CLI. n. 586., obgleich dort neben den Schilden mit Aegis und Gorgoneion eins mit dem blossen Gorgoneion vorkommt.

*) Dass Apollon als Heilgott Gewalt über den Wind gehabt haben könne, insofern dieser zu jenem Bereiche des Gottes gehört, stellen wir ebensowenig in Abrede, als wir oben S. 18. Anm. dem Apollon als Gott der Schifffahrt die gleiche Gewalt abgesprochen haben.

Aber es wird schwer sein, auszumachen, ob man sich die Aegis in diesem oder jenem einzelnen Falle von dem eigentlichen Inhaber entlehnt oder übertragen zu denken habe, oder ob anzunehmen sei, dass die Gottheit, welche ausnahmsweise mit ihr versehen ist, sie als allgemeines Symbol der Eigenschaft führe, in welcher sie grade dargestellt ist. Ich will ein Beispiel anführen, das auch an sich von besonderem Interesse ist. Auf einem Vasenbilde der El. céramogr. T. III. pl. 15. sieht man ein mit der Aegis angethanes Weib neben Poseidon auf einem Wagen. Man würde das Weib, trotzdem, dass es keinen Helm trägt, für Athena halten, wenn ihm nicht der Name der Aphrodite beigeschrieben wäre. Inwiefern konnte aber diese mit der Aegis gebildet werden? Ich denke, in der Eigenschaft der Euploia *), und dazu passt auch der Umstand, dass Aphrodite eben

---

*) Schon oben, S. 17. Anm., vermutheten wir, dass die Aegis Attribut des Zeus Urios gewesen sei. Das jetzt in Rede stehende Vasenbild ist sehr geeignet, jene Vermuthung des Weiteren zu bestätigen. Dass die Aegis bei der Aphrodite keinesweges durch den Schild der Venus Victrix von Korinth erklärt werden könne, das scheint uns so ausgemacht, dass wir, wenn sich keine wahrscheinlichere Erklärungsweise ermitteln liesse, viel eher an der Richtigkeit der Inschrift oder ihrer angenommenen Beziehung zweifeln würden. Stephani meint S. 34. Anm. 2., das Vasengemälde bei Gerhard Auserl. Vasenb. Taf. CXCIV = Mon. ined. d. Inst. arch. T. III. t. 50. scheine eine Gottheit darzustellen, welche einen Heros mit der Aegis zu schützen suche. Man hat die Göttin als Aphrodite gefasst. Allein von einer Aegis kann ich auch nicht die Spur erkennen.

mit Poseidon zusammengestellt ist, auf das Beste. Auf dem Vasenbilde erscheint nun aber die Göttin keinesweges in der Handlung einer Euploia. Die Aegis ist mithin als allgemeines Attribut einer günstigen Fahrwind sendenden Gottheit zu betrachten. Man kann annehmen, dass es von Zeus Urios auf Aphrodite Euploia übergegangen sei und zur Erklärung dieses Ueberganges daran erinnern, dass Aphrodite ja schon bei Homer als Tochter des Zeus gilt; aber man würde schwerlich behaupten dürfen, dass die Aegis der Aphrodite von Zeus für den eben dargestellten Fall entlehnt oder übertragen sei. Mit dem Apollon Stroganoff verhält es sich anders. Dieser ist in einer Handlung dargestellt, die sich ohne Zweifel auf die Eigenschaft bezieht, in welcher ihm die Aegis zusteht, und grade die Aegis wird bei jener Handlung benutzt. Allein macht das für die Frage, um die es sich handelt, einen wesentlichen Unterschied? Ich zweifle daran. Nur weitere Indicien können möglicherweise Entscheidung bringen.

Ich weiss nicht, wie viel man bei der Frage, ob die Aegis des Stroganoff'schen Apollon als diesem eigen oder ob sie als nur von Zeus oder Athena entlehnt oder übertragen zu betrachten sei, auf die eigenthümliche Beschaffenheit und die eben so eigenthümliche Benutzungsweise derselben geben dürfe. Vielleicht wird Mancher diese Eigenthümlichkeiten als

Hindeutungen auf das Letztere zu fassen geneigt sein. Der Apollon Stroganoff ist mit seiner Chlamys angethan, und die Aegis, welche er hält, ist ein verhältnissmässig weiches und biegsames Stück Leder von rundlicher Form, wie Stephani annimmt, das nicht als Schild sondern als Angriffswaffe benutzt wird. Anderswo vertritt die Aegis zugleich die Chlamys oder das Paludamentum. Die Kreisform ist ihr, wie Stephani S. 33 im Allgemeinen richtig bemerkt, stets gegeben, wenn sie einzeln, nicht in Verbindung mit einer Gottheit, gebildet ist. Diese Form rührt, wenn ich nicht irre, nicht sowohl daher, dass man die Aegis als Symbol altisoni caeli clipei betrachtete, um mit Ennius bei Varro de Ling. Lat. VII. 73. p. 148. Mueller. zu reden, sondern daher, weil sie allmälig auch auf den runden oder rundlichen Schild übertragen oder gradezu als Schild selbst gefasst war. Dieses findet man z. B. auf der Münze von Chabakta in den Denkm. d. a. Kunst Bd. II. Taf. LXXII. n. 918, wo die mit Quasten umbordete Aegis als achteckiges rundliches Schild erscheint, und auf der sehr interessanten Münze von Dio-Cäsarea, welche Adr. de Longpérier in den Nouv. Ann. de l'Inst. arch. T. II, 1839, pl. E. n. 5. bekannt gemacht hat, und deren Avers mit dem bequasteten runden Aegisschilde die zweite Bearbeitung der Denkm. d. a. K. Bd. II. Taf. XX. n. 215. von Neuem bringen wird; jenes zeigt sich z. B. auf der Münze des Antigonos Gonatas in den Denkm. d. a. Kunst Bd. Taf. LII. n. 232, wo die des Gorgoneion entbehrende Oberfläche der Aegis sich ganz ebenso ausnimmt, wie die mit dem Gorgoneion versehene Oberfläche des Schildes, so dass es scheint, als solle das Fell, welches meist nur zur Herstellung der Aegis verwandt ist, auch zur Bedeckung des Schildes gedient haben. Auf dieser Seleukidenmünze ist der Schild ebensowohl wie auf jener von Dio-Cäsarea fast nicht weniger als Angriffswaffe denn als Schutzwaffe zu betrachten, während die Aegis auf der Münze des Antigonos offenbar nur Schutzwaffe, Harnisch, ist. Der Schild dient also hier etwa zu dem gedoppelten Zweck, den sonst mehrfach die Aegis hat, wenn sie allein vorkommt. Nach Stephani's Auffassungsweise kann die Aegis bei dem Apollon vom Belvedere wesentlich nur **einen** Zweck haben, nämlich den der Angriffswaffe. Als blosse Angriffs- oder Schreckwaffe findet man sie, wie schon Stephani bemerkt hat, bei Athena in Homers Odyss. XXII. 277 fl., bei Zeus in der Ilias IV. 106 fll., endlich bei Apollon in der funfzehnten Rhapsodie der Ilias erwähnt, aber auf Bildwerken, so viel ich mich erinnere, nie dargestellt. Wie sie der Dichter von Athena und Zeus getragen sich dachte, verräth er mit keinem genaueren Ausdrucke, als dass er von einem Emporhalten und Schütteln gegen Jemanden redet. Die Analogie der andern Stellen, in welchen er von der Aegis spricht, und der

Bildwerke führt auf eine andere Weise als die bei dem Apollon Stroganoff ersichtliche. Dagegen steht es sicher, dass Apollon bei Homer die Aegis in den Händen trägt *). Dies hat sonst nie statt. Es geschieht aber wesentlich auch deshalb, weil Apollon nur für e i n Mal die Aegis übertragen erhält. Wusste der Dichter von einem öfteren Gebrauche der von Zeus erborgten Aegis durch Apollon, namentlich auch zu Kriegszwecken, so wäre nicht einzusehen, warum er jene durch diesen nicht in ähnlicher Weise anlegen lasse wie durch die Athena. Demnach kann es scheinen, sowohl die Kreisform der Aegis als auch der Umstand, dass sie nur mit der Hand gehalten wird, nicht auch dem Körper anliegt, spreche bei dem Stroganoff'schen Apollon dafür, dass sie nicht als Eigenthum, sondern als entlehnt oder übertragen zu betrachten sei. Aber wer verbürgt die Kreisform, und wer wollte im Ernst behaupten, dass diese Form

---

*) Stephani behauptet freilich, dass Homer seinen Apollon die Aegis nur mit e i n e r Hand, nämlich der linken, habe halten lassen. „Wenn Homer", heisst es S. 40, „von „*den Händen*" spricht, so geschieht diess natürlich nur gemäss des allgemeinen Sprachgebrauchs der Dichter. Denn in beiden Händen zugleich konnte die Aegis von dem heftig vorschreitenden Gott nicht gehalten werden." Warum nicht? Es steht Nichts entgegen, anzunehmen, dass der Dichter das Schütteln der Aegis sich als von Apollon im Stehen, nicht im Schreiten, geschehen dachte. Man beherzige, dass „*die Hände*" nicht nur e i n Mal, sondern wiederholt erwähnt werden, und dass man sich bei Homer die Aegis von bedeutendem Umfang zu denken hat.

die Annahme heische, dass die Aegis eigentlich mit dem, welcher sie trägt, nicht in Verbindung stehe? Ferner, wer bezeugt uns für den Apollon Stroganoff das, was in Betreff des Homerischen Apollon feststeht, dass der Gott gleich von Anfang an die Aegis in der Hand, nicht aber am Körper trug? Wenigstens kommen einige Fälle vor, dass die Aegis noch über dem Harnisch getragen wird, vgl. Lenormant Iconogr. des Emper. Rom. pl. XIII. n. 3. u. XXIII. n. 12, wo gar über der Aegis noch das Paludamentum liegt. So könnte sie der Apollon Stroganoff neben oder über der Chlamys am Körper getragen haben sollen, etwa an einem Bande, auf welches der Ueberrest auf der obern Fläche der linken Hand zu beziehen wäre, den Stephani (s. oben S. 5. Anm. 2) für eine Schlange in Anspruch nimmt. Es wird bald durch ein sichereres Anzeichen zu Tage treten, dass man die Aegis als Eigenthum Apollons fassen muss.

Wir verlassen den Apollon Stroganoff auf eine Weile, um uns zu dem Apollon vom Belvedere zu wenden, den Stephani nach Handlung und Bedeutung vollkommen mit jenem zusammenstellt.

Stephani giebt (S. 52) zu, dass bei dieser Annahme an der Haltung der Vaticanischen Statue gar Manches auszusetzen sei; allein er glaubt dieses auf Rechnung des allerdings unverkennbaren Strebens nach Effect von Seiten des Künstlers setzen zu dürfen; die Erreichung eines überwältigenden Effects habe diesem eben mehr gegolten als die prägnante und unzweideutige Darstellung der Handlung.

Begnügen wir uns nun auch einstweilen mit dieser bei einem „Wunderwerke" immerhin misslichen Annahme, so stossen uns doch noch andere Bedenken auf, und darunter so gewichtige, dass ein einziges von ihnen die Meinung, der Apollon vom Belvedere sei ein Boëdromios nach Homer, in Frage stellen kann.

Man achte auf den Ausdruck des ganzen Körpers und vor allen Dingen des Kopfes. Dass die ganze Haltung der Figur eine triumphirende ist, dass man in ihren Mienen „nicht nur drohenden Unmuth, sondern bei stolzem Selbstgefühl einen gewissen frohen Triumph, der an Hohn und Verachtung streift" (Feuerbach Vatican. Apollo S. 268), erkenne, das ungefähr ist das einstimmige Urtheil der Urtheilsfähigen, gewiss also auch Stephani's, obgleich er Nichts über den Ausdruck des Kopfes sagt. So kann unmöglich ein Apollon dargestellt sein, der Nichts weiter gethan hat, als mit einer dämonischen, nicht einmal ihm angehörenden, seine eigene Macht beurkundenden Waffe (wie es die Aegis bei Homer wirklich ist und, wenn wir nicht irren, bei einem Apollon Boëdromios auch sonst sein müsste) schwache Sterbliche niederschmettern oder in die Flucht jagen. Das war der erste Gedanke, der mir gegen Stephani's Auffassungsweise kam. Jener Umstand hat mir von jeher nur die Erklärungen für zulässig erscheinen lassen, nach denen dem Vaticanischen Apollon ein Gegner gegeben wird, der ihm wenigstens gleich*) und dabei ein verhasstes, ja verabscheutes Wesen ist.

Dazu kommt nun Folgendes. Ich glaubte, als ich den Text zu den Denkm. d. a. Kunst schrieb, annehmen zu können, dass der Apollon vom Belvedere nur ein Köcherband, nicht auch einen Köcher habe, indem ich den letzteren für modern hielt. Jetzt vernehme ich durch Stephani S. 8, dass H. Brunn, also der beste Gewährsmann, in Folge neuer von Stephani veranlasster Untersuchung, den Bescheid gegeben hat, nur der untere Theil des Köchers sei modern. Der mithin als antik zu betrachtende obere Theil des Köchers aber ist geöffnet. Danach kann, so weit unsere Kunde von der Bedeutung des geöffneten Köchers geht **), nur angenommen werden,

---

*) So urtheilte, wie ich sehe, schon Feuerbach S. 237.

**) Hierüber wird man Einiges in dem Text zu den Denkm. d. a. K. Bd. II. Taf. XVI. n. 167. bemerkt finden. Es wäre wünschenswerth, dass die Untersuchungen in grösserem Massstabe fortgeführt würden. Auf dem Vasenbilde in der El. céramogr. T. II, pl. 11. erscheint Artemis in ganz ruhiger Haltung dem kitharspielenden Apollon gegenüber mit geöffnetem Köcher. Vielleicht soll dieser darauf deuten, dass sie von der Ausübung der Jagd her zu ihrem Bruder gekommen sei; vgl. Hymn. Homer. XXVII, 11 fll. Auf dem Bilde auf pl. 93 haben Artemis und einige ihrer Nymphen in gleichfalls ruhiger Haltung geöffnete Köcher. Sie sind allerdings augenblicklich in Ruhe, aber doch auf der Jagd begriffen.

dass Apollon sich kurz vor dem dargestellten Augenblicke einen Pfeil aus dem Köcher genommen habe, also — denn daran wird ein Jeder zunächst denken — kurz vorher habe schiessen wollen, oder — was das Wahrscheinlichere ist — wirklich geschossen habe. Wenn dem aber so ist, wer wird dann nicht eher geneigt sein, einer Erklärung wie die durch Winkelmann vertretene und auch in unserer Zeit trotz mancher abweichenden Ansichten meist gebilligte, welcher auch ich in den Denkm. d. a. K. mich angeschlossen habe, vor der Stephani'schen den Vorzug zu geben? Nach jener Erklärung erkennt man bekanntlich in der Vaticanischen Statue Apollon, welcher den Python oder ein anderes gigantenartiges Ungethüm mit' dem Bogen tödtlich verwundet hat, von dem überwundenen Gegner hinwegschreitend. Hiegegen erhebt Stephani S. 21 fll. scharfen Einspruch. Apollon, behauptet er, könne unmöglich einen Bogen in der Linken gehalten haben; sei nicht in einem Augenblicke dargestellt, welcher dem Abschiessen eines Pfeils unmittelbar nachfolge; halte nicht inne, um weiter zu schreiten, wie Feuerbach S. 87 urtheilte, geschweige denn, dass K. O. Müller Recht habe, der im Verständniss der Stellung der Vaticanischen Statue nicht weiter gekommen, als dass er ohne das geringste Bedenken annahm, der Gott schreite, nachdem er den Pythischen Drachen erlegt, eben von dem Ort der Handlung hinweg, während jedes Element der Stellung mit dem **Beginn** einer Vorwärtsbewegung ganz unvereinbar sei *). Die Vaticanische Statue stellt nach Stephani S. 21 u. 24 den Apollon dar, „wie er eben einer hastigen Vorwärtsbewegung Einhalt thut. Das rechte Bein ist zum Stillstand, nicht zum Weiterschreiten niedergesetzt. Dass aber so eben eine längere und hastige Vorwärtsbewegung vorausgegangen ist, lehrt uns zunächst die Haltung des linken Beins. Es ist weit zurückgestreckt und der Fuss berührt kaum mit der Spitze den Fussboden"; ja „der Schritt ist bereits soweit gestreckt, als dies nur irgend möglich ist, ohne dass sich die Bewegung zu einem ei-

---

*) Ich glaube fast, dass es Stephani mit K. O. Müller's Aeusserung in den Götting gel. Anz. 1835, S. 1299, oder Kl. Schrift. II. S. 494, doch etwas zu genau und streng nimmt. Später S. 1301 hebt Müller, nachdem er wiederholt bemerkt hat, dass der Gott nicht gleichsam im Vorbeigehen geschossen habe, besonders hervor, die ruhig hängende Chlamys motivire sich hinlänglich durch die Ruhe, die bereits nach dem Kampfe eingetreten sei. Müller fasste sicherlich die Sache im Wesentlichen eben so wie Feuerbach, dessen Schrift er eben anzeigt. Auch ich habe in den Denkm. d. a. Kunst, um mich kurz zu fassen, Müller's Worte aus dem Handb. d. Arch. § 361. 1. beibehalten. Die gleich zu gebende genauere Ausführung der Erklärung kann zeigen, wie man sich das Hinwegschreiten von dem überwundenen Gegner zu denken habe. Meine Annahmen über die Haltung und Stellung der Vaticanischen Statue beruhen zunächst auf einem Gypsabgusse der hies. arch. Sammlung, der freilich schlecht, aber doch wohl nicht durchaus ungetreu ist.

gentlichen Laufen gestaltet." Mit der plötzlichen Hemmung eines solchen Vorwärtseilens durch das fest und gerade auf den Fussboden gesetzte rechte Bein „steht in vollständigster Uebereinstimmung die sehr merklich zurückgebeugte Haltung des Oberkörpers. Hierzu passen endlich auf das Vollkommenste die in senkrechter Linie, ungehemmt dem Gesetz der Schwere folgenden Falten der vom linken Arm herabhängenden Chlamys." Endlich: „das Anhalten ist in dem dargestellten Moment noch nicht ganz vollzogen. Der letzte Schritt des linken Beins ist erst noch zu beendigen." Der letzte Schritt? Wer wird das behaupten wollen? Wer wird leugnen können, dass es keinesweges der letzte sein, dass im Gegentheil durch diesen gleich zu erwartenden Schritt das augenblickliche Anhalten wieder in ein Weiterschreiten verwandelt werden soll? Auch gegen andere der obigen Ansichten Stephani's hege ich Bedenken. Ob ein längeres oder nur ein kürzeres Schreiten voraufgegangen sei, das wage ich nicht zu entscheiden — ich meine auch, dass darüber überhaupt schwerlich mit Sicherheit wird geurtheilt werden können —; dass aber die Vorwärtsbewegung keineswegs eine laufähnliche gewesen sein müsse, und dass im dargestellten Augenblicke mit nichten eine plötzliche Hemmung einer solchen Bewegung stattfinde, darüber hege ich auch nicht den mindesten Zweifel. In diesem Falle würde das rechte Bein nicht gerade auf den Fussboden gesetzt sein. Der Gott müsste in einer solchen Stellung trotz des zurückgebeugten Oberkörpers Gefahr laufen vornüber zu fallen. Die Zurückbeugung des Oberkörpers erklärt sich schon bei einer augenblicklichen Unterbrechung einer nur mässigen Bewegung. Ist jene Zurückbiegung am Originale in der That stärker als an dem mir zu Gebote stehenden Gypsabgusse, so kann der Künstler durch sie nebenbei auch noch Anderes haben bezwecken wollen, z. B. eine Hervorhebung des Ausdruckes von Stolz und Triumph. Im Augenblicke einer plötzlichen Hemmung eines Vorwärtseilens könnte die Chlamys unmöglich senkrecht vom rechten Arm herabhängen. Der Künstler würde, wenn er so Etwas gemeint hätte, vermuthlich die Chlamys nach vorn hin schlagend dargestellt haben, um eine Pendelbewegung anzudeuten. Wäre eine so hastige Bewegung voraufgegangen, wie Stephani annimmt, so sollte man doch auch am übrigen Körper, namentlich an der Brust und am Leibe, Spuren davon gewahren können. Allein es findet sich, so viel wir sehen können, auch nicht die mindeste *).

---

*) Ich begnüge mich mit den obigen Bemerkungen gegen Stephani, da ich glaube, dass schon Feuerbach im Wesentlichen die Sache abgemacht hat, in dessen Auseinandersetzung nur einige untergeordnete Bemerkungen und phrasenhafte Ausdrücke missfallen. Uebrigens würden Stephani's Ansichten sehr wohl, ja noch besser

Dagegen hat Stephani in zwei Punkten Recht, nämlich darin, dass Apollon nicht in dem Augenblicke unmittelbar nach dem Schiessen dargestellt sei, und dass es sich nicht um den Beginn einer Vorwärtsbewegung handele. Hiemit verträgt sich aber ein Erklärungsversuch wie der folgende vollkommen. Apollon ist auf dem Wege nach einem bestimmten Ziele zu. Aus der Ferne hat er gewahrt, dass sich ihm ein furchtbarer Gegner entgegenstelle. Aus der Ferne hat er, der Fernhintreffer, das Ungethüm mit seinen Pfeilen unschädlich gemacht. Darauf ist er auf dem Wege, den er einschlagen will und muss, fortgeschritten, bis er in die Nähe des freilich besiegten, aber noch nicht todt am Boden liegenden Gegners gekommen ist. Da macht er Halt und auch nicht ganz Halt, nur so viel, als nöthig ist, um der Ausgeburt der Mächte der Finsterniss Worte zuzurufen, wie die des Homerischen Hymnus: „dort nun faule du hin auf der vielesernährenden Erde." Diese Worte begleitet er oder deutet er an durch die Geberde, welche er mit dem linken Arme macht. Dass er mit diesem Arme den Bogen nicht gehalten haben könne, möchte ich nicht behaupten. Freilich hielt er ihn

---

zu den beiden zunächst von mir aufzustellenden Erklärungsversuchen passen, als die, welche ich im Obigen gegen ihn aufrecht zu halten nicht umhin konnte.

schwerlich in irgend einer der bisher beliebten Weisen; nicht einmal in der von Feuerbach gebilligten, von Stephani aber getadelten Abbreviatur, welche Montorsoli's Wiederherstellung zeigt. Dahingegen würde ich mir einen aus leichtem Metall gefertigten, nicht allzulangen, nicht in der Mitte gefassten und der Länge nach senkrecht, sondern mehr oder weniger wagerecht vorgehaltenen Bogen, der einem Gestus des Zeigens dienen konnte, allenfalls gefallen lassen.

Nichtsdestoweniger bin ich keinesweges Willens, diese Deutung und Auffassungsweise, bei welcher doch immer noch einige Bedenken unerledigt bleiben, ferner zu vertreten. Ich bin vielmehr mit Stephani fest davon überzeugt, dass die Vaticanische Statue nicht nur in allem Wesentlichen dasselbe Motiv hat, wie die Stroganoff'sche Statuette, sondern auch davon, dass beide Werke den Apollon mit denselben Attributen und in einer und derselben Handlung darstellen sollen. Wenn dem aber so ist, so wird für beide eine andere Deutung gesucht werden müssen.

Stephani bemerkt S. 8 rücksichtlich der Haltung beider Statuen sehr richtig: „Eine Verschiedenheit zeigt sich nur darin, dass, während an beiden Statuen die Richtung, nach welcher der Gott seine Schritte lenkt, mit der, welche seine Augen verfolgen, fast genau einen rechten Winkel bildet, an der

Vaticanischen Statue die Richtung des linken Arms genau mit der Linie zusammenfällt, welche der Blick Apollons beschreibt, hingegen an der Stroganoff'schen die Richtung desselben Arms gerade in der Mitte liegt zwischen der des Rumpfes und der des Kopfes. Auch ist der Arm an der letzteren Statue nicht ganz so hoch gehoben, wie an der Vaticanischen." Dagegen kann ich den Ansichten, welche Stephani weiterhin S. 41 fl. darlegt, keinesweges beipflichten. Nachdem er auseinandergesetzt hat, dass der Apollon Stroganoff auf das Genaueste zu der Schilderung Homers Il. XV. 318 fll. passe, wenn man nur beherzige, dass der Gott, der, in unmittelbarer Nähe der Griechen angelangt, begonnen habe, seine Waffe zu schütteln, und so eben bemerke, dass die Griechen, die ihm grade gegenüberstanden und auf die er bisher energisch zuschritt, sich bereits zur Flucht wenden, sich einer langen Schlachtreihe gegenüber befinde, die nach links und nach rechts hin die Wirkung der Aegis noch empfinden solle, macht er darauf aufmerksam, „wie vortrefflich der Verfertiger der Stroganoff'schen Statue nicht nur in der beiden Werken gemeinsamen Stellung der Beine und des Kopfes, sondern namentlich auch in der ihm eigenthümlichen Haltung des linken Arms den Gipfelpunkt ($\dot{\alpha}\varkappa\mu\acute{\eta}$) der Handlung erfasst hat, indem er diesem Arm weder die Richtung gegeben hat, nach welcher der Gott eben geschritten ist, noch die, nach welcher er in dem dargestellten Moment blickt, sondern eine dritte, welche zwischen beiden in der Mitte liegt. Denn eben dadurch weis't er in der verständlichsten Weise sowohl auf das unmittelbar Vorausgegangene, als auch auf das sogleich Nachfolgende hin; er belehrt den Beschauer auf das Unzweideutigste über den Zusammenhang zwischen den verschiedenen Richtungen der Schritte und des Blicks Apollon's; er macht es unmöglich, zu verkennen, dass die Hand in dem unmittelbar vorausgegangenen Moment dieselbe Richtung hatte, wie die Schritte, und dass sie in dem gleich folgenden die haben wird, in welcher wir bereits den Blick des Gottes sehen; er spricht es auf das Deutlichste aus, dass dem Apollon nicht ein einzelner Feind, sondern eine Mehrzahl, ein ganzes Heer gegenüber steht; er hat dadurch erreicht, dass sich das furchtbare Medusenhaupt dem Auge des Beschauers ungezwungen nicht von der Seite, sondern in voller Ansicht darbietet; er hat endlich die Mannichfaltigkeit in der Lage und Haltung der einzelnen Muskeln und übrigen Körpertheile wesentlich erhöht." In Betreff dieses Elements der Handlung, meint Stephani, stehe die Vaticanische Statue weit zurück. „Es war", sagt er, dem Verfertiger derselben „gleichgültig, dass er über den Gipfelpunkt der Handlung hinausgreifen musste; dass er genöthigt war, sie schon vollendet, und, was dann immer der Fall ist, in einer weniger verständlichen Form darzustellen; dass der Beschauer nun über den Zusammenhang zwischen den beiden verschiedenen Richtungen der Thätigkeit des Gottes gar nicht unmittelbar belehrt wird; dass diesem das nach allen Seiten hin verbreitete feindliche Heer weniger lebhaft vor die Seele geführt wird; dass er selbst dadurch in die Nothwendigkeit versetzt wurde, das Medusenhaupt dem Beschauer entweder nur von der Seite zu zeigen, oder wenn er es doch in voller Ansicht darbot, in grober Weise gegen Natur und Wahrheit zu verstossen. Weil er sich aber, wie im Uebrigen, so auch bei der Durchbildung dieses Arms ganz von dem Streben nach Effect beherrschen liess, so hat er demselben eine höhere, straffere, und dadurch weit mehr Pathos aussprechende Lage gegeben."

Um gar nicht in Anschlag zu bringen, dass es doch merkwürdig wäre, wenn der Verfertiger des Originals der Stroganoff'schen Statuette seinen Apollon ganz genau nach dem Homerischen gearbeitet und doch Nichts weniger gewollt hätte, als dass die Beschauer seines Werks eben an diesen dächten (s. oben S. 6); ferner, dass die Haltung des Stroganoff'schen ebenso wie die des Belvederischen Apollon, wenn man sich den Gott seinem Gegner unmittelbar nahe denkt und gegen diesen mit der Aegis thätig, die Annahme fordert, dass der Gegner von gleicher oder wenigstens nicht geringerer Grösse sei, wie der

Gott (was auch schon Feuerbach S. 237 sah); — so möchte ich zunächst zu bedenken geben, ob es auch wohl der plastischen Kunst angemessen sei, den Gott sich in der Weise, wie Stephani will, einer ganzen Schlachtreihe gegenüberstehend zu denken. Ich wünschte doch, Stephani hätte ein einziges Beispiel der Art aus dem betreffenden Kunstbereiche beigebracht, namentlich aus der Zeit, in welcher er das Original entstanden glaubt. Ein Bildhauer oder Erzgiesser der besten Zeit der Griechischen Kunstübung würde, mein' ich, alle dem Apollon gegenüberstehenden Griechen in dem e i n e n personificirten Heere der Achäer, dem $\Sigma\tau\rho\alpha\tau\grave{o}\varsigma\ \vphantom{}^{\prime}A\chi\alpha\iota\tilde{\omega}\nu$, zusammengefasst und diese symbolische Gestalt dem Gotte gegenübergestellt oder gegenüberstehend gedacht haben. — Bringt nicht Stephani's Auffassungsweise des Stroganoff'schen Apollon in dieses Werk, von welchem er selbst S. 12 hervorhebt, dass uns an ihm „in jeder Einzelheit der Behandlung jene unnachahmliche Einfachheit und Natürlichkeit entgegentritt, die ohne mühsames Suchen alles Wesentliche des Schönen trifft und alle unwesentlichen Nebendinge auch als solche betrachtet", etwas Verwirrendes, Gesuchtes, Manierirtes hinein? Sieht es ferner wohl so aus, als wolle der Apollon Stroganoff die gesenkte Linke mit ihrem Inhalt „nach der linken Seite hinbringen, wo sein Auge Feinde entdeckt hat, die noch mit ungebrochenem Muthe vorwärtsdrängen"? Der Augenschein führt grade auf das Gegentheil. Täuscht uns nicht Alles, so hielt der Stroganoff'sche Apollon vor dem eben dargestellten Augenblicke den linken Arm mit der Aegis ähnlich wie der Belvederische. Jener hat den Arm jetzt gesenkt, blickt aber noch nach der Richtung hin, welche vorher auch der Arm hatte. Die Aegis hat ihre Wirkung gethan und ist desshalb gesenkt. Der Blick des Gottes haftet aber noch auf dem Schauplatz seiner That und verfolgt den Gegner, den er in die Flucht geschlagen. Bald wird auch das Gesicht von diesem abgewandt und der Kopf nach rechtshin gekehrt werden; zugleich wird der linke Arm noch weiter nach rechtshin gebracht werden, als es schon geschehen ist, und der Gott den Platz verlassen. Der Vaticanische Apollon hält den linken Arm noch in derselben Richtung, in welcher der Feind ihm gegenübersteht oder gegenüberstand. Aber auch hier ist der Sieg schon entschieden. Das zeigt namentlich der Ausdruck des Kopfes. Im Augenblick des Kampfes hielt der Gott den Arm mit der Aegis, wenn ihm sein Feind in unmittelbarer Nähe gegenüberstand, wohl etwas höher. Die Aegis musste doch wohl gegen das Gesicht des Gegners hingehalten werden. In diesem Falle hat man auch bei dem Belvederischen Apollon das Motiv der Senkung des Arms mit der Aegis zur Andeutung des unmittelbar vorhergegangenen Gebrauchs dieser Waffe; allerdings in einer etwas verschiedenen Weise, deren Begründung in dem von Stephani Gesagten vollkommen richtig angedeutet ist. Nur darf man, um gegen den Verfertiger des Belvederischen Apollon nicht unbillig zu sein, nicht vergessen, dass er, wenn durch die Richtung, die er dem Arm gelassen hat, etwas an Klarheit der Bezeichnung des gerade dargestellten Augenblicks eingebüsst sein sollte, das durch den Ausdruck von Siegesstolz, welchen er in so meisterhafter Weise in der Haltung der Figur und namentlich im Gesichte derselben auszudrücken wusste, wieder eingebracht hat. Nimmt man aber an, dass Apollon seinem Gegner nicht in un mittelbarer Nähe gegenüberstehe, so ist in der Vaticanischen Statue der Augenblick des Hinhaltens der Aegis als der der Entscheidung des Sieges bezeichnet. Ich meine, dass dieses das Passendere sei, wie ich denn auch glaube, dass der Gebrauch der Aegis nur die Annahme einer gewissen Nähe des Gegners bedingt. Auf den Vorzug, den der Stroganoff'sche Apollon vor dem Belvederischen insofern haben soll, dass jener das furchtbare Medusenhaupt dem Auge des Beschauers der Statue ungezwungen in voller Ansicht darbiete, dieser aber nicht, gebe ich, unumwunden gesagt, gar Nichts. Das Medusenhaupt ist für den kunstverständigen Beschauer ein blosses Parergon. Höchstens kann es dazu beitragen, den Effect des Ganzen noch zu erhöhen. Es wäre nun ein merkwürdiges Spiel des Zufalls, wenn gerade der Künstler, welcher, nach Stephani, nicht auf Effect ausging, doch in dieser Beziehung denselben nicht verschmäht hätte, dagegen aber von dem Künstler, der eingestandener Massen so Vieles dem Effect zu Gefallen gethan hat, grade das Gegentheil geschehen wäre. Aber man bedenke, dass der Standpunkt, auf welchem der Vaticanische Apollon einzig und allein betrachtet sein will, grade die Seite ist, gegen welche der linke Arm gerichtet ist (Feuerbach S. 146), und dass sicherlich auch der Verfertiger der Stroganoff'schen Statuette und sein Vorgänger ihr Werk von rechts her betrachtet wissen wollten, wie denn ja bei den alten Statuen so überaus häufig eben dieser Standpunkt verlangt wird.

Wie nun aber weiter? Wenn Apollon nicht der Homerische ist, wenn er nicht blossen Sterblichen gegenübersteht, wohl aber einem feindlichen Einzelwesen, so kann keiner der berühmten Einzelkämpfe des Gottes gemeint sein, welche wir durch die Sage kennen. Das Attribut der Aegis hat uns schon oben auf einen Apotropaios oder, um mit Eurip. Herc. fur. 800 fl. zu sprechen, auf einen Paian-Apotropos geführt. Lässt sich dieser nach dem eben Dargelegten in unseren beiden Apollobildern noch vorgestellt erachten? Ohne Zweifel nicht so, dass „wir uns den Gott einer ganzen, von einer verheerenden Seuche niedergedrückten Stadt gegenüber vorstellen" (Stephani S. 48), selbst wenn wir uns die ganze Stadt in die eine Figur des personificirten Demos oder der Polis (Pollux IX. 142) zusammengefasst denken wollten. Ich kann schon an sich nicht wohl glauben, dass der Grieche sich den Apollon so mit der Aegis dem, von welchem der Gott die Pest wegtreiben will, gegenüberstehend gedacht haben würde. Es musste ja unwillkürlich so scheinen, als werde der Gott zugleich mit der Krankheit auch den, welchen er eben vor der Krankheit schützen oder von ihr befreien will, vernichten, wenn man nicht etwa annehmen will, dass der Gott, da doch die Aegis eine zwiefach verschiedene Kraft gehabt habe, eine vernichtende und eine bewahrende, die Macht besessen habe, zugleich jene gegen die Pest zu richten und diese den von der Pest Bedrängten zu Gute kommen zu lassen. Aber passt etwa der Gebrauch der Pfeile nicht zu einem die Krankheit verscheuchenden Gotte? Das behauptete, nebst Anderen, z. B. Stackelberg Apollotempel z. Bassä S. 109. Anm., Feuerbach S. 243 fl. gegen Visconti, der bekanntlich im Vaticanischen Apollon den Alexikakos des Kalamis wiedererkennen wollte. „Die Pfeile Apollon's", sagt er, „sind nicht Symbole der Pestabwendung; in der Hand des Gottes nicht das Mittel, um Tod und Krankheit zu verfolgen; vielmehr sind es gerade diese Pfeile, welche Tod und Krankheit bringen. Der bogenbewehrte Gott ist selbst der Gott des Todes, des Verderbens (Homer. Il. I, 49 fll.). — Zwar scheinen die Pfeile des Apollo nicht bloss negativ, sondern auch positiv die Pest zu tilgen. Vergl. die Erklärung der ersten Hymne des Proklus in Jac. Anthol. X. p. 282. Aber hier und sonst sind die Pfeile schon Symbol der Sonnenstrahlen. An einem plastischen Werk bliebe der Pfeil des Apollo auf jeden Fall ein zweideutiges, doppelsinniges Symbol, wenn er zugleich die heilende und verderbende Kraft der Sonnenstrahlen bezeichnen soll; ein bogenbewehrter Apollon aber in drohender, oder gar zielender Stellung ist für den sinnlichen Ausdruck nur der metuendus certa sagitta (Hor. Od. I. 12. 13.), der verderbende, — contra, si citharam teneat, mitis est, Serv. adVirg. Aen. III. 138." Allerdings können wir bei dem Belvederischen Apollon die Pfeile als Symbol der Sonnenstrahlen nicht gebrauchen. Sie sind ohne Zweifel Nichts als die verderbende Waffe. Wir fragen zunächst weiter: ist der Gedanke an einen Apollon Alexikakos in Betreff der Belvederischen Statue, auch abgesehen von dem Attribute des geöffneten Köchers, schon an sich unzulässig? Auch das behauptet Feuerbach gegen Visconti S. 240 fl.: „Krankheit und Tod, erstere besonders, sind blosse Begriffe, reine Abstractionen. Sie gehören nicht zu jenen Personificationen, welche von der Kunst zu einem festen Typus durchgearbeitet wurden. Gegen diese schwankenden Gestalten wäre der Kampf des Apoll ein leeres Schattengefecht, und dies zwar um so mehr, da der Künstler unmöglich mit Zuverlässigkeit eine bestimmte sichere Ergänzung derselben von der Einbildungskraft des Beschauers erwarten konnte. — Auf die Ergänzung des Beschauers beruft sich der denkende Künstler nur dann, wenn er versichert ist, dass seine bedeutsamen Winke in der Einbildungskraft ein bestimmtes, durch wiederholte Kunstanschauungen gleichsam plastisch gerundetes Bild erwecken werden. Hatte der Alexikakos des Kalamis Stellung und Attribute des Vaticanischen Apoll, so müsste Krankheit und Tod entweder durch allgemein-verständliche Symbole angedeutet, oder leibhaftig gebildet, mit der Apollostatue zu einer förmlichen Gruppe vereinigt werden. Beides war unnöthig, wo die religiöse Kunsttradition schon das Musterbild eines Apollo Alexikakos gegeben hatte. Es war dies der Apollo, welcher in der einen Hand Pfeil und Bogen, in der andern die Grazien hielt, jene als Symbole des Verderbens, diese des Heils" u. s. w.

Ob die letzten Worte die Wahrheit treffen, oder nicht, das wird weiter unten des Genaueren erwogen werden. Die in Rede stehenden Statuen werden durch dieselben jedenfalls zunächst nicht berührt, wenn man auch nicht ohne Grund vermuthen darf, dass das Original derselben auf einen Atheniensischen Künstler zurückzuführen sei. Oder wollte man etwa behaupten, es sei auch „unnöthig" gewesen, dass Phidias in seinem Zeus nicht ein älteres Musterbild wiederholte? Was aber die ersten Worte in den an zweiter Stelle mitgetheilten Bemerkungen Feuerbach's anbelangt, so ist es allerdings wahr, dass kaum eine Personification der Krankheit überhaupt oder einer Krankheit in der alten Kunst nachzuweisen ist. Das könnte um so auffallender scheinen, als bekanntlich die Kunst an ähnlichen Personificationen keinesweges arm ist; allein es ist leicht daraus zu erklären, dass die Griechen selbst solche Abstracta wesentlich nur insofern bildeten, als sie handelnd, nicht aber leidend, auftraten, das Veranlassen von Krankheiten aber als ein Attribut grösserer Gottheiten betrachtet wurde. Zu diesen gehört ganz besonders auch Ares der Pestsender, und es ist in der That höchst beachtenswerth, dass bei dem gefeiertsten Dichter aus der glänzendsten Blüthezeit Athens unter anderen Göttern auch Apollon angerufen wird, mit seinen Pfeilen den „unter den Göttern verachteten Gott" in das Meer zu verjagen *). Die

---

*) Vrgl. Sophocl. Oedip. R. Vs. 159 fl. Dem Sophokles ist Ἄρης ὁ μαλερός, ὅς νῦν ἄχαλκος ἀσπίδων φλέγει — περιβόητος ἀντιάζων (Vs. 190 fl.), ganz identisch mit dem Loimos selbst, denn Vs. 27 fl. sagt er ja geradezu in Bezug auf dasselbe Wesen: ἐν δ' ὁ πυρφόρος θεὸς σκήψας ἐλαύνει, Λοιμὸς ἔχθιστος, πόλιν. Sophokles spricht zunächst für die Athenienser, wenn er auch von einem die Thebaner angehenden Ereignisse handelt. Und dass grade zu Athen

betreffende Stelle des Sophokles ist durchaus geeignet, nicht bloss dem Apollon als Paian-Apotropos den Gebrauch von Bogen und Pfeil als verderbender Waffen zu vindiciren, sondern auch zu beweisen, dass der Kampf des Vaticanischen Apollon keinesweges ein „leeres Schattengefecht" zu sein braucht. Auch ein Künstler der blühendsten Zeit kann einen Apollon als Paian-Apotropos Bogen und Pfeil gebrauchen lassen, wenn er ihn so gedacht wissen will, dass er den Dämon der Pest verjagt. Dass aber der Künstler, mit welchem wir es hier zu thun haben, seinen Apollon so gefasst wissen wollte, deutete er zunächst dadurch an, dass er ihm die Aegis als Waffe gab — die Aegis ist ja eben „ein allgemein verständliches" Symbol des Apotropaios —; sodann auch durch den geöffneten Köcher, der nach dem oben Bemerkten direct darauf hinweiset, dass es sich um einen Kampf gegen den Pestsender, nicht nur im Allgemeinen gegen die Pest handelt. Somit sind, mein' ich, alle erwähnten Bedenken Feuerbach's widerlegt und gehoben *). Selbst der Tronc

---

Ares so gefasst werden konnte, erhellt wohl schon daraus, dass er hier als Gemahl der furchtbaren Aglauros galt (Müller „Pallas Athene" in der Hall. Encycl. und den Kl. Deutsch. Schr., §. 5. u. 9), sowie aus dem Cultus und Gericht des Areshügels und der Verbindung mit den Erinyen (Müller z. Aeschylos' Eumen. S. 154 und 179), welche letztere auch bei dem Thebanischen Ares statthat (Müller a. a. O. S. 169).

*) Bei der Annahme einer Berücksichtigung der Stelle des So-

und die Schlange an ihm müssen nun nothwendig als eine Beziehung auf den Paian enthaltend gefasst werden.

Der Tronc, in Betreff dessen Stephani gar nicht bemerkt, welcher Baumart er angehöre, ist bekanntlich nicht vom Lorbeer, sondern vom Oelbaum. Als Feuerbach seine Schrift über den Vaticanischen Apollon verfasste, glaubte er noch behaupten zu können (S. 237), dass dem Oelbaume jede nähere Beziehung auf Apollon fehle. Doch entging es ihm nicht (S. 413), dass die Wahl der Baumart für den Tronc bei jenem Apollon nicht ohne Bedeutung sei, wie schon die Sorgfalt beweise, mit welcher selbst dieses Nebenwerk ausgeführt sei. Er meinte daher, der Tronc vom Oelbaum stehe in näherer Beziehung zu der Scene der Eumeniden, auf die er den Vaticanischen Apollon zurückführen zu müssen glaubt. Eher wird man annehmen dürfen, der Oelbaumtronc weise darauf hin, dass es sich um einen zu Athen verehrten und in der dargestellten Handlung speciell für Athen thätigen Apollon handele. Dieses Letztere nun ist keinesweges unmöglich, ja sogar sehr wahrscheinlich. Allein

---

phokles kann man zudem sagen, unser Künstler habe in der That das geleistet, was Feuerbach S. 249 von dem Künstler des Vaticanischen Apollon, falls jener in diesem den Homerischen Pestbringer hatte darstellen wollen, verlangt: er habe „dadurch, dass er die Erinnerung einer allbekannten, jedem Beschauer gegenwärtigen Dichterstelle zu wecken wusste, jedem Missverständnisse vorgebeugt."

es fragt sich, ob nur es durch den Tronc bezeichnet werden sollte. Viel eher ist zu glauben, dass der Oelbaum neben dem Apollon auf der M ü n z e v o n A t h e n, welche aus Beulé's Monn. d'Athènes p. 285 in den Denkm. d. a. K. Bd. II. Taf. XI. n. 127 wiederholt ist, das Local angebe; und doch spricht selbst hier wenigstens eben so viel für die Annahme, dass der Oelbaum ausserdem auf eine Eigenschaft des Apollon in Beziehung zu setzen sei. Kurz und gut: diejenige Auffassungsweise des Troncs wird jedenfalls das Meiste für sich haben, nach der er auf die Handlung, in welcher Apollon dargestellt ist, so in Beziehung steht, dass er die Eigenschaft andeutet, in welcher der Gott eben jene Handlung ausführt. Denn, dass der Tronc ohne specielle Beziehung sei, ist, abgesehen von dem, was hierüber schon Feuerbach bemerkte, um so weniger wahrscheinlich, als er eben geflissentlich als Tronc vom Oelbaum dargestellt ist; dass er aber den Apollon selbst angeht, versteht sich wohl von selbst, wenn auch Feuerbach ihn als „Symbol der Gewähr der vollkommenen Entsündigung, die Apoll seinem Schützlinge Orestes verheissen hätte", sich gefallen liess, und ist um so mehr anzunehmen, als in der That der Oelbaum keinesweges jeder näheren Beziehung auf den Gott entbehrt. Dieser Umstand ist jetzt klar genug aus Stark's schon oben erwähnten Untersuchungen in den Ber. d. K. Sächs. Ges. der Wiss.

phil.-hist. Kl., 1856, S. 81 fll. zu ersehen. Der Oelbaum nun galt wesentlich auch als der Gesundheit dienlich. Sophokles thut des kinderernährenden Oelbaums Erwähnung (παιδοτρόφου ἐλαίας, Oed. Colon. 701), wie denn aus Euripides' Ion 1432 fll. erhellt, dass den echt Attischen Kindern ein kleiner Oelzweigkranz als Schutz- und Wachsthumsmittel beigelegt wurde; nach den Geopon. IX. 1. bringt ein mit dem Namen der Athena beschriebenes, an den Kopf gebundenes Oelblatt Heilung von Kopfweh; das Oel war und ist in sanitätischer Beziehung wichtig (ἔλαιον ὑγιείας φάρμακον, Aristid. V. I. p. 16. 17. Dind., Fraas Flor. class. p. 155). Auch in der bildenden Kunst ist die Verbindung des Oelbaums oder Oelzweigs mit Apollon nicht ganz ohne weiteres Beispiel. Um die schon oben erwähnte Atheniensische Münze nicht wieder in Anschlag zu bringen, so mache ich vor Allem darauf aufmerksam, dass auf dem schönen, zuerst von Creuzer (Zur Gemmenkunde Taf. 5. n. 31) herausgegebenen und jetzt auch in den Denkm. d. a. Kunst Bd. II. Taf. XI. n. 122. c. abgebildeten, früher zu Marburg befindlichen geschnittenen Steine vor dem Kopfe des inschriftlich als Paian bezeichneten Apollon ein Oelzweig dargestellt ist*). Auf ei-

---

*) So urtheilt mit Recht Feuerbach im Schorn'schen Kunstblatt, 1836, S. 283 = Nachgelass. Schriften Bd. IV. S. 126, der indessen ohne allen Grund wegen des Oelzweiges an Aristäos denkt. — Wenn Stephani S. 51. Anm. 9. an dem Vorhandensein der Innem geschnittenen Steine des K. Französischen Cabinets, den Mariette Traité d. Pierr. grav. T. II. pl. 14 abbildlich, und Lippert Daktyl. Mill. I. P. 1. n. 61. im Abdruck mitgetheilt hat, „stützet sich", nach der Bemerkung des letzteren „Apollo, der in der Linken seine Leier hält, auf einen zwar abgehauenen, aber doch noch einigermassen grünenden Baum, der vermuthlich ein Oelbaum, und nicht, nach der Auslegung des Mariette, ein Lorbeerbaum ist: denn er siehet wegen seines Laubes diesem nicht gleich." Apollon mit der Leier ist aber so häufig eben der beruhigte und beruhigende, besänftigende, heilende Gott. Es wird sich weiter unten vielleicht herausstellen, dass dieses Bildwerk mit einer berühmten Cultusstatue des Delischen Apollon zusammengehalten werden kann. Der Delische Apollon ist aber der Patroos von Athen. Meiner Ueberzeugung nach wird man wohl thun, wenn man die Darstellungen des Apollon mit dem Attribute des Oelbaumes, insofern als es nur irgend geht, zunächst auf den Atheniensischen Patroos bezieht. Dieser wurde aber vor-

---

schrift ΠΑΙΑ(Ν) auf dem geschn. Steine deshalb zweifelt, weil kein anderes Zeugniss als das Creuzer's dafür bekannt sei, so erinnert er sich der oben angeführten, auf genauer Prüfung des im Besitz Creuzer's befindlichen Abdrucks beruhenden Besprechung Feuerbach's nicht, der berichtet, dass von der Inschrift die Buchstaben ΠΑΙΑ auch dem unbewaffneten Auge auf den ersten Blick unzweifelhaft seien.

zugsweise grade in der Wirksamkeit gedacht, welche durch die eben erläuterte symbolische Beziehung des Oelbaums angedeutet wird (s. oben S. 33 fl.).

Ueber die Schlange bemerkt Stephani S. 43 fl., sie sei vor Allem zu dem Zwecke hinzugefügt, damit die rein äusserliche Bestimmung des Baumstamms, der Marmorstatue als Stütze zu dienen, verdeckt, und der Schein erweckt werde, als sei er angebracht, weil der Künstler eines Trägers für ein mit dem Wesen des dargestellten Gottes in engem Zusammenhange stehendes Attribut bedurfte. „Gerade die Schlange", fährt er fort, „wurde dazu gewählt, weil sie nicht nur eins der wichtigsten Attribute des ἰατρόμαντις überhaupt und im Besonderen als Vernichters der Pythischen Schlange war, sondern auch eine besonders gefällige und geeignete Zuthat eines Baumstammes bildet. Daher finden wir sie nebst dem Baumstamme in demselben Sinne unzähligen anderen Marmorstatuen des Apollon beigegeben, so wie auch Statuen, welche Dionysos, Silen, Bakchantinnen oder wirkliche Menschen *) darstellen." In

---

*) Die Gültigkeit der von Stephani für das Letzte S. 44 in Anm. 6 angeführten Beispiele stelle ich in Abrede. Was das erste, die zu Palestrina gefundene, von Guattani auf Commodus bezogene Statue bei Clarac Mus. de Sculpt. T. V. pl. 962. n. 2467 anbelangt, rücksichtlich deren Ergänzungen wir ganz im Dunkel sind, so deutet der Umstand, dass sich ausser der Schlange am Tronc auch ein Bogen befindet, darauf, dass jene als Apollinisches Attribut zu fassen ist.

diesen Worten sind — wer wollte das verkennen? — wahrhaft feine und richtige Bemerkungen enthalten. Und doch treffen sie sicher nicht vollkommen das Wahre. Wer sich des von E. Braun wiederholt (Griech. Götterlehre §. 440 u. Vorsch. der Kunstmyth. S. 39) hervorgehobenen Umstandes erinnert, dass im Süden die Schlange der treueste Hüter der Gärten und Weinberge sei, und namentlich die Oelwälder der Aufsicht dieses das Ungeziefer tilgenden Gewürms, das besonders auch den Mäusen nachstelle, anvertraut gewesen seien, — der wird noch mehr Grund zu der Behauptung haben, dass die Schlange in den bezeichneten Fällen eine geeignete Zuthat des Baumstammes bilde. Aber man würde gewiss irren, wenn man dabei die symbolische Beziehung der Schlange durchaus ausschlösse, namentlich aber dann, wenn der Tronc durch deutliche Bezeichnung eines bestimmten Baumes, und noch dazu eines solchen, der bei dem betreffenden Wesen nicht gewöhnlich ist, sich als bezeichnendes Attribut beurkundet, und ganz besonders auch, wenn das Marmorbild in einer speciellen Handlung, nicht nur in einer allgemeinen Stellung befindlich ist. Auch bemerkt Stephani späterhin (S. 53, vrgl. auch S. 44) selbst, dass die Schlange bei dem Vaticanischen Apollon „doch Etwas mehr sein könnte, als die gebräuchliche Zugabe jener Baumstämme, welche bestimmt waren, Marmorstatuen des Apollon haltbar zu machen"; dass „auch bei ihr die Rücksicht auf die bestimmte Eigenschaft, in welcher der Gott gerade hier gedacht sei, einen gewissen Nebeneinfluss ausgeübt haben könnte." Stephani hält, wie wir wissen, den Apollon für einen Boëdromios. Nach seiner Meinnng liegt nun die Beziehung der Schlange auf diesen darin, dass „mit dem Zuruf ἴε oder ἰὴ Παιάν, mit dem man in Athen den Apollon Βοηδρόμιος anrief, der Gott zuerst begrüsst worden sein sollte, als er den Pythischen Drachen erlegt hatte." Ich meine aber, die Beziehung sei in der That eine so ferngelegene, dass sie minder Scharfsichtige nicht erkennen, und Unbefangene schwerlich anerkennen werden; ganz abgesehen davon, dass ich für meinen Theil die grössten Bedenken hege, ob die in gleicher oder ähnlicher Weise bei dem Apollon angebrachte Schlange überhaupt auf den Python bezogen werden darf. Es liegt auf der Hand, dass bei Attributen, die in enger Verbindung dargestellt sind, die Deutung schon an sich die grösste Wahrscheinlichkeit hat, nach welcher die Attribute auch der Bedeutung nach einander nahe stehen. Der Fall tritt bei dem Belvederischen Apollon nach der von uns entwickelten Auffassungsweise in so vollkommenem Masse ein, als man es nur verlangen kann. Ist ja doch, wie Stephani selbst bemerkt, unter den Attributen des Apollon als Heil- und Gesundheitsgottes grade die Schlange eines der hauptsächlichsten und am Meisten angewandten.

Also die Attribute des Vaticanischen Apollon, sowohl die primären, Aegis und offener Köcher, als auch die secundären, Oelbaum und Schlange, weisen auf einen Paian-Apotropaios hin. Werfen wir hienach noch einen Blick auf das einzige Attribut, welches der Apollon Stroganoff ausser der Aegis hat, das Achselband, so wird für den, welcher der Ansicht ist, dass dieser Apollon in derselben Handlung dargestellt ist, wie der Vaticanische, wohl kein Zweifel mehr darüber obwalten, dass jenes nicht auch als Leierband, wie Stephani S. 53 für möglich hält, sondern einzig und allein als Köcherband zu fassen sei; ja, dass das blosse Köcherband dieselbe Bedeutung haben solle, wie der bei der Vaticanischen Statue dem Bande hinzugefügte offene Köcher. Der Verfertiger der Stroganoff'schen Statue oder vielmehr sein Vorgänger steht auf dem Standpunkte der Symbolik, dass er seinen Apollon, wenn er ihn nicht eben als einen gedacht wissen wollte, der kurz vorher den Köcher gebraucht habe, gar kein Achselband gegeben haben würde. Diese Symbolik ist einfach und vollkommen berechtigt, wenn auch die des Künstlers der Vaticanischen Statue mehr Klarheit hat. Allerdings ist wohl nicht im Mindesten an Stephani's Annahme (S. 51) zu zweifeln, dass nicht bloss „dem Paian, dem zu Ehren die Sieges-

Paeane nach der Schlacht gesungen worden", sondern auch dem Paian als Heilgott „ausser anderen Attributen auch die Leier zukam" *). Allein wer wollte sie wohl bei einem im Kampfe mit dem Pestgott befindlichen Paian dulden; wer wollte glauben, dass sie nur als **allgemeines** Attribut des Heilgottes zur weiteren Bezeichnung des in jener Handlung dargestellten Paian dienen solle; ganz abgesehen davon, dass sie doch deutlicher als durch ein blosses Achselband hätte bezeichnet werden müssen, welches ein Jeder bei einem kämpfenden Apollon zunächst als Köcherband fassen wird? Doch hierüber kein Wort weiter! Nur die **eine** Bemerkung will ich doch nicht ganz unterdrücken, dass betreffs der „in Halbmonden und Puncten, die doch wohl Sterne darstellen sollen", bestehenden Verzierung des Achselbandes, die Mancher geneigt sein könnte, auf Apollon als Sonnengott zu beziehen (in Erinne-

---

*) Wenn übrigens Stephani S. 51. Anm. 9. meint, dass man eine Bestätigung der Leier als Attribut des Paian der Siegespäane auch in dem Schwan finden könne, welcher dem Paian auf der oben erwähnten, früher in Marburg befindlichen Gemme beigegeben ist, da dieser mit der Leier gleichbedeutend sei, so glaube ich nicht, dass der Schluss sicher steht, da es wenigstens eben so wahrscheinlich ist, dass dem als Heilgott gefassten Paian der Gemme der Schwan in seiner Beziehung auf die erfrischende gesunde Luft und Heiterkeit des Frühlings (O. Jahn Ber. d. K. S. Ges. d. Wiss., 1852, phil.-hist. Kl., S. 62. u., 1855, S. 99) als Attribut gegeben sei. Nonnos bezeichnet Dionys. XXIV. 39 die κύκνους als ἀλεξικάκους.

rung etwa an das mit Zodiacalzeichen verzierte Achselband des Gottes bei Raoul-Rochette Mon. inéd. pl. XLVI. n. 3 und an Darstellungen des Helios wie die in den Denkm. d. a. K. Bd. II. Taf. LXXV, n. 972), nun, da es sich speciell um den Apotropaios handelt, und dieser sich auch des Bogens in der Manifestirung seiner Eigenschaft bedient haben soll *), wohl nicht ohne Schein darauf hingewiesen werden kann, dass Halbmonde und Sterne zu den Apotropaia gehören (O. Jahn Ber. d. K. Sächs. Ges. d. Wiss., 1855, phil.-hist. Kl., S. 42. 52. 97).

Jetzt nur noch ein paar Worte über die Darstellungsweise des gegen den (nicht dargestellten) Ares kämpfenden Apollon. Die Handlung ist wesentlich so zu fassen, wie wir oben S. 49 unter der Voraussetzung, dass ein Kampf gegen den Python oder ein anderes infernales Ungethüm gemeint sei, dargelegt haben. Der fernhintreffende Gott hat seinen Gegner von Weitem her mit Pfeilschüssen angegriffen und ohne Zweifel übel zugerichtet. Aber der Gegner ist dadurch noch nicht zum Weichen ge-

---

*) Die Meinung, welche Stephani S. 43 über den Zusammenhang der Verzierung des Achselbandes mit der Aegis äussert, hätte, wenn ich richtig urtheile, nur dann auf einen Schein von Zulässigkeit Anspruch, wenn angenommen werden könnte, dass das Achselband auch äusserlich mit der Aegis zusammenbinge, als Träger derselben zu denken wäre. Die Zulässigkeit der Vergleichung des Vaticanischen Mosaiks bei Visconti Mus. Pio-Clem. T. VII. t. 47. stelle ich durchaus in Abrede.

bracht. Da thut Apollon die Waffe für die Ferne, den Bogen, von sich, nimmt dafür die mit dem Gorgoneion versehene Aegis in die Linke und begiebt sich in die Nähe des Gegners. An der Stelle, die ihm für den Angriff die passendste dünkte, hat er den Schritt gehemmt, hat schnell dem Gegner die Aegis entgegengehalten und ihn dadurch in die Flucht gejagt. Hiezu bedurfte es keinesweges des festen Aufsetzens b e i d e r Füsse auf den Boden. Vielmehr war eine Stellung, wie sie beiden Statuen gemeinsam ist, die passendste, da Apollon so, falls der erste Angriff mit der Aegis nicht Erfolg hatte, und der Gegner ihn angreifen wollte, am Leichtesten ausweichen konnte. Ausserdem bot der Körper Apollons in dieser Stellung der Waffe des Gegners den geringsten Spielraum *). Nun erklärt sich

---

*) Es ist eine missliche Sache und auch nicht von sonderlichem Belang, ausmachen zu wollen, wie man sich den dem Apollon im Kampfe gegenüberstehend zu denkenden Ares bewaffnet zu denken habe. Ares konnte bei dieser Angelegenheit sich der Waffen, die er als Kriegsgott führt, bedienen, wenn diese wirksamer erschienen. Nach Sophokles hat man sich den Pestgott ohne Zweifel mit der Fackel in der Hand zu denken. Vrgl. die oben S. 61. Anm. angeführten Stellen. Es ist sicherlich falsch, wenn man angenommen hat, das Epitheton $πυρφόρος$ sei deshalb gewählt, weil der Gott bewirke, dass $ἀεὶ πυραὶ νεκύων καίοντο θαμειαί$ (Homer. Il. I. 52). Schon das $φλέγει$ an der anderen Stelle hätte von einer solchen Erklärung abhalten sollen (auch der Ausdruck $φλόγα πήματος$ Vs. 186 steht in bestimmter Beziehung auf die Fiebergluth). Das Epitheton $πυρφόρος$ mag zunächst „den Fiebergluth bringenden" bezeichnen —

auch, warum Apollon in der Vaticanischen Statue keinen Bogen, in der Stroganoff'schen Statuette weder Bogen noch Köcher hat, und wie es kommt, dass auch auf dem Fussgestell des Vaticanischen Apollon (das des Stroganoff'schen ist modern) keine Spur von dem Bogen zu finden ist (Feuerbach S. 220). Die Fragen beantworten sich selbst für den, welcher in solchen Dingen, die den dargestellten Moment nicht unmittelbar angehen, haarscharfe Genauigkeit verlangt, ganz vollkommen durch den Umstand, dass Apollon schon vorher jene Waffen weggethan hat, weil er sie nicht mehr gebrauchen wollte, ja sie zum Theil ihm bei dem Kampf mit der Aegis etwa hinderlich sein konnten; und zwar keinesweges erst an der Stelle, wo er sich augenblicklich befindet. In Betreff des Umstandes, dass bei dem Stroganoff'schen Apollon der Köcher fehlt, muss freilich angenommen werden, dass Apollon schon während des Schiessens denselben vom Rücken nahm, um ihn unmittelbarer zur Hand zu haben; aber

---

das Wort πῦρ kommt ja ganz in der Bedeutung von πυρετός vor —, sobald man aber den πυρφόρος θεός von einem bildenden Künstler auch nur zum Hinzudenken berücksichtigt glaubt, muss man annehmen, dass er denselben als Fackelträger gefasst haben werde, um so mehr, als gerade durch die Fackel die Fiebergluth vortrefflich symbolisirt werden konnte. Auch war eine solche Fackel in der Hand des Ares gewiss keine minder furchtbare Waffe, als das Schwert oder die Lanze.

selbst dafür fehlt es nicht an schriftlicher Beglaubigung; vgl. z. B. Senec. Agam. 322 fll. Ich brauche kaum noch hinzuzufügen, dass sich bei unserer Auffassungsweise auch der Gebrauch der doppelten Waffe auf das Vollständigste und Beste erklärt. Nur darauf will ich doch noch aufmerksam machen, dass unsere Auffassungsweise wesentlich mit zu der Erklärung des Umstandes beitragen kann, wie es kam, dass der Künstler die Aegis grade als Angriffswaffe für die Nähe gefasst wissen konnte. An sich, wie Stephani annimmt, ist die Aegis keinesweges eine solche Waffe. Claudian de Rapt. Proserp. III. 60 lässt den Juppiter ausdrücklich sagen: sentiet iratam procul aegida. Freilich passt die Aegis auch für den Angriff in der Nähe. Aber motivirt kann sie als Angriffswaffe dieser Art doch nur scheinen, wenn sie einer entschiedenen Waffe für die Ferne, wie es der Bogen ist, so zu sagen bestimmt gegenübergestellt wird. Freilich kann das Gorgoneion, wenn es seine besondere Wirkung ausüben soll, nur aus einer gewissen Nähe gebraucht werden. Allein, wer hierauf zuviel Gewicht legen wollte, der müsste sich die Entgegnung gefallen lassen, dass es sich dann ja kaum noch um die Aegis handelte, indem diese im Wesentlichen nur als Trägerin des Gorgoneion gelten würde. — Wir können nicht umhin, noch Folgendes zu bemerken. Hätte Stephani Recht, wenn er annimmt, dass die Aegis dem Stroganoff'schen und dem Belvederischen Apollon nothwendigerweise in die linke Hand gegeben werden müsste, so würde nun auch klar zu Tage liegen, wie es komme, dass Apollon seinen Gegner grade zur Linken hat. Allein weder der Umstand, dass die Aegis auf den Bildwerken, wo die Träger derselben in der Haltung von Kämpfenden dargestellt sind, regelmässig auf dem linken Arm liegt und mit der linken Hand gefasst wird, noch die Stelle des Vergilius Aen. VIII, 353 (s. oben S. 16. Anm.), wo klar angedeutet wird, dass Juppiter die Aegis mit der Linken schüttele, beweist die Nothwendigkeit. Dort ist die Aegis auch Schutzwaffe, und — was das Wichtigere ist — führt die kämpfende Figur in der Rechten die Angriffswaffe; hier, wo von einem Kampfe gar nicht die Rede ist, ist die Rechte gleichfalls in Anspruch genommen. In Betreff unserer Apollostatuen aber, welche „den rechten Arm unthätig und unbewaffnet in gesenkter Haltung" zeigen, könnte es in der That auffallend erscheinen, dass der Gott die Angriffswaffe nicht mit d e r Hand gebraucht, mit welcher das gewöhnlich geschieht. Will man nun trotzdem den Umstand, dass Apollon seinen Gegner zur Linken hat, nicht als völlig irrelevant betrachten, so giebt es, mein' ich, dafür zwei Erklärungsweisen. Zunächst könnte man etwa sagen, dass der Künstler, auf welchen das Original beider Statuen zurückzuführen ist, die Aegis dem Apollon, trotzdem dass dieser jene wesentlich anders gefasst hat, als das gewöhnlich geschah, doch in die Linke gab, weil dieser Umstand für kämpfende Figuren typisch geworden war. Ausserdem konnte aber sein Verfahren auch damit zusammenhängen, dass er, in dem Bestreben, den Apollon so darzustellen, dass der Körper desselben der Angriffswaffe des Gegners möglichst wenig ausgesetzt wäre, grade die Seite wählte, welche in Folge der Anlage der Chlamys durch diese am Meisten gedeckt wurde. Ist dieser andere Grund der vorwiegende, wie doch wohl anzunehmen, so kann man nicht umhin, zuzugestehen, dass die Anlage der Chlamys bei dem Belvederischen Apollon, welche, gewiss mit dem vollkommensten Rechte, auf das Streben nach Effect und bloss künstlerische und technische Motive zurückgeführt ist (Stephani S. 8 fll.), doch auch für die Situation und die Handlung der Statue mehr passt, als die Anlage desselben Gewandes bei dem Apollon Stroganoff.

Fragen wir schliesslich noch nach dem Verfertiger des Originals der beiden Statuen, mit deren Behandlung wir uns bis jetzt beschäftigt haben! Vielleicht gelingt es, durch Beantwortuug dieser Frage auch unseren Erklärungsversuch des Weiteren zu bestätigen. Freilich müssen wir gleich von vornherein uns dahin bescheiden, eine Antwort zu geben, der man höchstens eine Wahrscheinlichkeit wird beimessen können. Ein Jeder wird bei Annahme unserer Ansichten über Handlung und Beziehung der beiden Apollofiguren wohl zunächst an den aus Pausanias I. 3. 3 bekannten Apollon Alexikakos denken, zumal da auch der Platz, an welchem derselbe aufgestellt war, auf einen engen Zusammenhang mit dem Apollon Patroos hindeutet. Allein dieser Annahme stellen sich namentlich zwei Bedenken entgegen. Das eine besteht in der Meinung namhafter Archäologen, dass der Apollon Alexikakos eine Wiederholung des Delischen Apollon des Tektäos und Angelion gewesen sei; das andere beruht auf der grossen Verschiedenheit das Stils, welche man zwischen einem Werke des Kalamis und den betreffenden Statuen mit Sicherheit voraussetzen kann.

Was das Erstere anbetrifft, so haben wir die bezeichnete Ansicht über das Musterbild des Apollon Alexikakos schon oben S. 60 als von Feuerbach herrührend kennen gelernt. Dieser Annahme, über welche schon Creuzer „Deutsche Schr.", Abth. II. Bd. III. S. 495 fl. A. 2 bemerkte, dass sie durch eine Atheniensische Münze, worauf Apollon mit denselben Attributen erscheine, unterstützt werde, redet auch Stephani S. 50 das Wort, indem er äussert, von dem Attischen Bilde des Apollon Ἀλεξίκακος, das von Kalamis herrührte, sei nach dem Zusammenhange, in welchem Macrobius (Saturn. I. 17. 13—15) diesen Cultus erwähne, zu vermuthen, dass es den Gott mit den Chariten in der einen und dem Bogen in der anderen Hand darstellte. Inzwischen meine ich, dass die Folgerung aus Macrobius keinesweges sicher steht. Mehr ist darauf zu geben, wenn Stephani bemerkt, es sei aller Grund vorhanden, vorauszusetzen, dass die berühmte, von Tektäos und Angelion für die Delier gefertigte Apollostatue, welche den Gott in der einen Hand die Chariten, in der anderen den Bogen haltend darstellte, dem Cultus des Apollon Οὔλιος angehörte; denn dieses ist sicherlich nicht ohne die grösste Wahrscheinlichkeit. Indessen hat Raoul-Rochette (Mém. de Numism. et d'Antiq. p. 134 und Lettre à Mr. Schorn p. 198 fl. der zweiten Ausg., wo der Gegenstand ausführlich behandelt ist), obgleich ihm die Meinung Feuerbach's und Creuzer's wohlbekannt war, diese gar nicht der besonderen Berücksichtigung werth gehalten, sondern sich, wie Andere vor ihm, dahin entschieden, dass der Apollon mit den Chariten und dem Bogen auf den Münzen von Athen der Delische des Tektäos und Angelion sei. Ich habe nun schon im Text zu den Denkm. d. a. Kunst Bd. II. Taf. XI. n. 126, wo die Atheniensische Bronzemünze mit jenem Apollotypus, aus Beulé's Monn. d'Athènes p. 364 wiederholt ist, darauf aufmerksam gemacht, dass in der Stelle, welche über den Delischen Apollon am Speciellsten handelt, der des Plutarch de Mus. C. 14, der Delische Apollon, ganz abgesehen davon, dass die Chariten, welche er trug, mit musicalischen Instrumenten versehen waren, jene auf der linken Hand hatte und den Bogen in der rechten hielt, während bei dem Apollon der Atheniensischen Münzen grade das Umgekehrte statthat. Erhält hiedurch die Meinung, dass sich dieses Apollobild vielmehr auf den Apollon Alexikakos des Kalamis beziehen könne, etwa eine Stütze? Das könnte allerdings so scheinen, namentlich wenn man beherzigt, dass Macrobius (Sat. I. 17. 13) über Apollon sagt: quia perpetuam praestat salubritatem et pestilens ab ipso casus rarior est, ideo Apollinis simulachra manu dextra Gratias gestant, arcum cum sagittis sinistra: quod ad noxam sit pigrior et salutem manus promptior largiatur. Man könnte eben sagen, Kalamis habe, um den Gedanken an den helfenden, heilenden Gott besonders rege zu machen, die Darstellungsweise des Tektäos und des Angelion in der bezeichneten Weise umgeändert. Allein es sind die dringendsten Gründe vorhanden, an der Genauigkeit der Angabe Plutarchs zu zweifeln. Nicht bloss Macrobius spricht so, dass man annehmen muss, Apollon habe stets, wenn er mit den Chariten und dem Bogen dargestellt wurde, jene auf der Rechten, diesen in der Linken gehalten, — auch der Scholiast zu Pindars Olymp. XIV. 13 berichtet ganz im Allgemeinen, die Chariten haben sich auf der Rechten Apollons befunden, und fügt zu Vs. 16 im Besonderen hinzu, dass dieses zu Delphi der Fall sei; nach Philon (Oper. p. 778 ed. 1617, p. 559 ed. 1742) erschien Caligula als Apollon mit Strahlenkranz um das Haupt, in der Linken Bogen und Pfeile haltend, mit der Rechten die Chariten vorstreckend; keine der betreffenden bildlichen Darstellungen, welche auf uns gekommen sind, stimmt mit Plutarch überein, und unter ihnen ist eine, welche die Sache so gut wie entscheidet, nämlich die von Raoul-Rochette veranschlagte Münze von Tanagra, welche sich gewiss auf den Delischen Apollon bezieht *). Kurz und gut: Plutarch hat sich geirrt, hat, wie das ja öfters geschieht, Rechts und Links verwechselt. Damit sind wir aber noch keinesweges zu Ende. Raoul-Rochette hielt dafür, dass der Delische Apollon nicht nur auf Bronzemünzen, sondern auch auf Tetradrachmen von Athen zu erkennen sei, trotzdem, dass de Witte (Nouv. Ann. de l'Inst. arch. T. I. p. 75 fll.) in der betreffenden Figur der Tetradrachmen vielmehr die Aphrodite Kolias mit den drei Genetyllides auf der Rechten und dem Bogen in der Linken hatte erkannt wissen wollen. De Witte's Ansicht fand bei Gerhard Beifall (Griech. Mythol. Bd. I. §. 363 A. 2;

---

*) Freilich sehe ich, dass auch Lenormant N. Gal. myth. p. 122. z. pl. XXXIII. n. 3, wo die Tanagräische Münze abgebildet ist, „une branche de laurier" als in der Rechten Apollons befindlich erwähnt, doch glaube ich hier vielmehr Raoul-Rochette folgen zu müssen.

a.) und bei Beulé a. a. O. eine Begründung, welche vielleicht Manchen überzeugt hat. Während nämlich die bis dahin bekannten Darstellungen auf den Tetradrachmen die mit Modius und alterthümlicher Haartracht versehene Figur nackt zeigten und da Raoul-Rochette behauptete, dass diese Nacktheit gegen Aphrodite und für Apollon spreche, hat Beulé eine Tetradrachme des Kopenhagener Cabinets mit der Darstellung einer durchaus ähnlichen Figur, welche entschieden weiblich bekleidet ist, bekannt gemacht und gegen jene Behauptung in Anschlag gebracht. Allein, irre ich nicht, so ist hiedurch für de Witte's Ansicht noch Nichts bewiesen. Es bleibt — abgesehen von Raoul-Rochette's Zweifeln an der Zulässigkeit der Annahme einer nackten alterthümlichen Aphrodite auf dem Gebiete der Griechischen Kunst, die mir durch Beulé's Verweisungen auf Gerhard's Kunst der Phönizier Taf. IV und Ross in den Abhandl. d. K. Bayer. Akad. d. Wissensch. Bd. II. S. 408 keinesweges beseitigt zu sein scheinen — das grosse Bedenken, wie es doch gekommen sei, dass dasselbe Götterbild in derselben Serie von Tetradrachmen unbekleidet und bekleidet dargestellt wurde. Dieses Bedenken weiss auch Beulé's Scharfsinn in keiner anderen Weise zu heben, als dass er die Vermuthung aufstellt, die Tetradrachme mit der bekleideten Aphrodite möge im Monat Pyanepsion angefertigt sein, in dem Augenblicke, da die Weiber die Mysterion von Halimus feierten und die Aphrodite Kolias in einem besonderen Cultus verehrten, — eine Vermuthung, der ich durchaus nicht beipflichten kann. Das Bedenken schwindet aber durchaus, wenn man annimmt, dass die weiblich bekleidete Figur die Schwester der nackten darstelle; dass jene für ein Bild der Artemis Ulia, diese für das des Apollon Ulios zu halten sei. Bei Macrobius Sat. I. 17. 21 heisst es: Pherecydes refert Thesea, cum in Cretam ad Minotaurum duceretur, vovisse pro salute atque reditu suo Ἀπόλλωνι Οὐλίῳ καὶ Ἀρτέμιδι Οὐλίᾳ. Die Identität der Attribute von Chariten und Bogen — denn auch die weibliche bekleidete Figur ist ohne Zweifel mit dem Bogen in der Linken zu denken — passt ganz vortrefflich zu der Identität des Beinamens; nicht weniger passend ist die Darstellung beider so eng zu einander gehörigen Geschwister auf einer und derselben Serie von Tetradrachmen. Diese Entdeckung eröffnet uns denn auch die weitere Kunde, dass sich auf Delos ein dem von Tektäos und Angelion herrührenden Bilde des Apollon durchaus ähnliches Bild der Artemis befand, welches auf eben dieselben Künstler zurückzuführen ist [*]). Aber un-

---

[*]) Erst nachdem ich diese Combinationen für mich selbst gemacht hatte, schlug ich H. Brunn's Gesch. der Griech. Künstler nach und fand da zu meiner angenehmen Ueberraschung: „Athenagoras (Leg. pr. Chr. 14, p. 61) fügt zu diesem (dem Apollon in Delos von

sere Entdeckung muss noch von einer Seite her gegen Anfechtungen gesichert werden. Das nackte Bild der Tetradrachmen erscheint von zwei kleinen nackten Flügelgestalten umgeben, und diese Eroten haben wesentlich dazu beigetragen, die Beziehung auf Aphrodite Kolias annehmbarer erscheinen zu lassen als die auf Apollon. Raoul-Rochette hat Nichts gethan, um die Eroten bei Apollon zu erklären. Sie dürfen aber bei diesem Gott nicht so befremden, wie das auf den ersten Blick scheinen mag. Unten mehr über sie; hier nur Folgendes! Ich habe schon in dem Text zu Denkm. d. a. Kunst Bd. II. Taf. LXI, n. 792. b., wo ein Eros neben der Hygieia erscheint, darauf aufmerksam gemacht, dass bei Proclus zu Plat. Tim. III. 158 Hygieia als Tochter des Eros und der Peitho erwähnt wird, und dass dem Eros nahe stehende Wesen wie Aphrodite und die Chariten den Heilgöttern beigesellt wurden. Die Chariten auf der Hand des in Rede stehenden Apollon können, was die Bedeutung anlangt, durchaus mit denen auf dem Relief in D. d. a. K. Bd. II. Taf. LXII. n. 794 zusammengestellt werden. Oefter kommt bei Apollon in derselben Beziehung die Leier vor *). Man

---

Tektäos und Angelion noch eine Artemis, welche von den anderen Gewährsmännern nicht genannt wird, aber darum doch noch nicht als eine Erdichtung zu verwerfen ist."

*) Die Gleichheit der Bedeutung der Chariten auf der Hand des Apollon mit der der Leier tritt auf das Schlagendste zu Tage, wenn die dem Delischen Apollon so ähnliche Apollofigur auf de

vergleiche nun den oben S. 66 erwähnten geschnittenen Stein des K. Französ. Cabinets, auf welchem dargestellt ist, wie Eros von Apollon die Leier verlangt *). Diese Darstellung, auf welcher der Oelbaum den Apollon noch genauer als den Heilgott bezeichnet, steht der auf den Tetradrachmen ungemein nahe. Denn auch hier heben die Erosfiguren die Hände wie verlangend zu dem Apollon empor. Man verfällt leicht auf den Gedanken, dass die eine die Chariten haben wolle, die andere das grade entgegengesetzte Attribut des Bogens.

Somit haben wir den Apollon mit Chariten und Bogen ebensowohl auf den Tetradrachmen als auf den Bronzemünzen von Athen anzuerkennen. Nun zeigen die Darstellungen auf den beiden verschiedenen Münzarten bei vollkommener Gleichheit der Attribute, welche Apollon trägt, ausser dem Umstande, dass das Bild des Gottes auf der einen von Eroten umgeben ist, auch in Betreff des Bildes selbst einige Verschiedenheit. Sollte also das eine Mal der Apollon des Tektäos und des Angelion, das andere aber

---

Münze von Thera in der N. Gal. myth. pl. XXXII. n. 1. in der Rechten wirklich „le plectrum" hat, wie Lenormant p. 122 angiebt. Indessen ist für diese Angabe weitere Bestätigung zu erwarten.

*) Denselben Gegenstand könnte man auf dem Berliner geschn. Steine in meinen Denkm. d. a. Kunst Bd. II. Taf. XII. n. 139. a. dargestellt erachten, wenn man an der Flügellosigkeit des Knaben, der seine Hand an das Saiteninstrument des Apollon legt, keinen Anstoss nehmen wollte.

der diesem nachgebildete des Kalamis gemeint sein? Natürlich würde wohl ein Jeder geneigt sein, die Darstellung der Tetradrachmen auf das Werk des Tektäos und des Angelion zu beziehen, die der Bronzemünze aber auf das des Kalamis. Allein bei der Annahme stellen sich gleich Schwierigkeiten in den Weg. Wenigstens hatte das Werk der Delischen Künstler, wenn in dieser Beziehung auf die mehrfachen Erwähnungen bei den Schriftstellern und die Wiederholungen durch Kunstler, die für andere Orte als Athen arbeiteten, Etwas zu geben ist, die Beigabe der Eroten nicht. Inzwischen liegt es wohl auf der Hand, dass die Eroten, wie sie da sind, gewiss nicht aus der Zeit des Tektäos und des Angelion stammen, wenn auch recht wohl angenommen werden kann, dass diese Künstler den Eros mit Flügeln dargestellt haben, vgl. Müller-Welcker Handb. d. Arch. §. 391. A. 1. Beide Eroten sind die geflügelten Kinder der späteren Kunst. Die Gruppe erinnert durch die Stilverschiedenheit der Figuren an manche auf Attica zurückzuführende Marmorreliefs. Allein ich kann mir kaum denken, dass das statuarische Werk auf Delos in späterer Zeit durch die Eroten vermehrt worden sei; ebensowenig, dass dieses mit der Copie zu Athen geschehen sei, von der bald des Weiteren die Rede sein wird. Auch möchte ich es nicht wagen, diesen Zusatz auf Rechnung des Stempelschneiders zu schreiben, der dabei etwa eine andere Apollodarstellung ähnlicher Beziehung wie die Delische berücksichtigt hätte: obgleich allerdings die Stempelschneider bei der Wiedergebung von Bildwerken anderer Künstler nicht selten sich sehr grosse Freiheiten genommen haben. Will man dagegen annehmen, dass die Eroten doch zu dem Werke des Tektäos und des Angelion gehörten, und der Stempelschneider sie, da er sie mehr als Attribute betrachten konnte, in der Weise der späteren Kunst darstellte, ähnlich wie auf den Nachbildungen auch die Chariten auf der Rechten des Apollon ohne Attribute und, was besonders beachtenswerth ist, ganz nackt, wie es später Sitte war, gegeben sind, — so habe ich meines Theils wegen des Stillschweigens von Seiten der Schriftsteller und wegen des Weglassens von Seiten der Künstler auch nicht das Mindeste dagegen einzuwenden, zumal da, abgesehen von der schon oben nachgewiesenen Verbindung zwischen Apollon und Eros, Anzeichen vorhanden sind, die es glaublich machen, dass eine solche Verbindung grade zwischen dem Delischen Apollon und Eros statthatte. Man erinnere sich, dass Eros grade auf Delos als Wesen der Religion in Ansehen stand, indem er als Sohn der Eileithyia galt, welche die Leto bei der Geburt der Artemis und des Apollon unterstützt haben sollte (Pausan. VIII. 21. 2, IX. 27. 2, I. 18. 5). Auch hat man nicht einmal nöthig, in der Gruppe des Tektäos und des Angelion einen doppelten Eros anzuerkennen, etwa in der Art wie bei Platon Sympos. XII. p. 186 fl., sondern es lässt sich annehmen, dass dasselbe Wesen zwei Male dargestellt sei, aber jedes Mal in verschiedener Beziehung *). Gewönne aber hiedurch der oben hingeworfene Gedanke, dass auf den Bronzemünzen der Apollon des Kalamis gemeint sein könne, einigen Schein? Sicherlich nicht. Denn mit noch viel grösserer Bestimmtheit als vorhin, wo es sich doch um beträchtlichere Differenzen handelte, behaupte ich, dass die hauptsächlich in Weglassungen bestehenden hier in Betracht kommenden Abweichungen der Bronzemünzen von den Tetradrachmen **) noch viel weniger dazu berechtigen, die Darstellung des Apollon auf jenen derselben Stadt angehörigen Münzen von einem anderen

---

*) Auf die bis jetzt zu wenig beachtete Verbindung zwischen Apollon und Eros weiter einzugehen, ist hier nicht der Ort. Ich will nur noch bemerken, dass, ebensowohl als man von einem Bakchischen Eros spricht, von einem Apollinischen die Rede sein kann. Hieher gehört der bei Lenormant N. Gal. myth. p. 125 sogenannte „Génie d'Apollon" des auf pl. XXXIV, n. 11, abgebildeten Carneol-Intaglios.

**) Der Modius, mit welchem der Kopf der Figur auf den Tetradrachmen versehen ist, fehlt, wie auf der nach Beulé in meinen Denkm. wiederholten, so auch auf der bei Combe Mus. Brit. t. VII. n. 9, im Mus. Hunter. t. 11. fig. XIV, und bei Pellerin Méd. de Peupl. T. 1. pl. XXIII. n. 19 abgebildeten Bronzemünze. Auch das Haar der Figur ist auf den Bronzemünzen minder alterthümlich behandelt. Doch findet sich dasselbe auf der von Beulé p. 364 an letzter Stelle mitgetheilten Tetradrachme.

Original herzuleiten als die auf den Tetradrachmen. So wenig ich nun auch in Abrede stellen möchte, dass die Figur auf den Atheniensischen Bronzemünzen dem Stile nach auf ein Werk des Kalamis zurückgehen könne *), eben so entschieden leugne ich schon aus jenem Grunde, dass das wirklich der Fall sei. Dazu kommt noch ein anderer Grund. Man hält meist den Apollon Ulios und den Apollon Alexikakos für wesentlich gleich. Aber das ist schwerlich ganz richtig. Jener kann ebensowohl der Gott des Verderbens sein als der der Rettung, wenn auch diese Beziehung mehr in den Vordergrund getreten ist; wie denn ja überhaupt bei Apollon beide Wesensrichtungen neben einander hergehen**).

---

*) Man vergleiche das ebenfalls alterthümliche Bild des Hermes Kriophoros auf der Münze von Tanagra bei Gerhard Denkm. u. Forsch., 1849, Taf. IX. n. 12, jetzt auch in den Denkm. d. a. K. Bd. II. Taf. XXII. n. 324, das schon der Besitzer und erste Herausgeber, Prokesch von Osten, a. a. O. S. 93 auf das bei Pausanias IX. 22. 1, erwähnte Werk des Kalamis bezog, eine Ansicht, die auch von Anderen öffentlich ausgesprochen ist, zuletzt von Conze in den Ann. d. Inst. arch. Vol. XXX. p. 349.

**) Vgl. Buttmann Lexilogus I. S. 190 und besonders Müller Dorier I. S. 297 der ersten Ausg., wo über Apollon Ulios und Artemis Ulla bemerkt wird: „Ohne Zweifel heissen sie so als Heilgötter von dem alten Stammworte, das im Grusse „οὖλε" übrig geblieben. Doch lag auch merkwürdiger Weise der entgegengesetzte Sinn „die Verderblichen" sehr nahe, und dass man diesen Doppelsinn nicht vermied, scheint mir ein Beweis, dass man ihn wollte und suchte." Müller thut ausserdem dar, dass dieselbe Ambiguität im

Der Alexikakos dagegen ist einzig und allein der Gott der Rettung. So konnten Tektäos und Angelion ihrem Ulios die Attribute des Heils und Verderbens neben einander geben, und sie thaten das in der von Macrobius richtig gedeuteten, zugleich auf den Apollon überhaupt passenden Weise. Aber der Alexikakos des Kalamis konnte nur Symbole der Abwehr und des Heils haben.

Vielleicht lässt sich auch eine Nachbildung des Delischen Apollon des Tektäos und Angelion mit Wahrscheinlichkeit anderswo in Athen unterbringen. Denn, dass es hier eine Copie jenes Werkes gab, daran zweifle auch ich nicht. Schon der Umstand, dass dasselbe mehrfach auf Atheniensischen Münzen dargestellt ist, führt zu dieser Annahme. Nun wird wohl ein Jeder, der in Bekker's Anecd. p. 299, 8 liesst, dass „der Delische Apollon" der Name eines Götterbildes zu Athen gewesen sei, zunächst auf die Vermuthung verfallen, dass man eben in diesem Götterbilde jene Copie zu suchen haben werde. Sollte aber „der Delische Apollon" ein einzelnes, an einer beliebigen Stelle oder in einem Heiligthume eines nichtdelischen Apollon zu Athen errichtetes Götterbild gewesen sein? Beides ist gleich unwahr-

---

Namen Paian sich zeige. Wer sich an den Ulios von Delos erinnert, wird auch ermessen können, warum Sophokles Oed. R. 154 den Apollon grade mit den Worten ἰήϊε Δάλιε Παιάν anrufen lässt.

scheinlich. Auch der in den Anecd. a. a. O. zugleich erwähnte und ebenfalls als Name eines Götterbildes bezeichnete „Pythische Apollon" stand ohne Zweifel in einem Heiligthume; es liegt auf der Hand, in welchem. Täuscht mich nicht Alles, so ist in der Stelle des Theophrast bei Athen. X. p. 424. e. u. f. von einen Tempel des Delischen Apollon in Athen die Rede, nicht aber von einem Tempel des Apollon auf Delos, wie man gewöhnlich annimmt, und ist jener Tempel kein anderer als der, welcher gewöhnlich unter dem Namen des Apollon Patroos geht. Doch, um hiervon ganz abzusehen — wo wurde zu Athen der Apollon Thargelios verehrt, den Theophrast ausdrücklich als den Delischen bezeichnet? Ich denke doch, im Tempel des Apollon Patroos im inneren Kerameikos, wenn wir auch wissen, dass man die Preisdreifüsse des Thargelienfestes im Tempel des Apollon Pythios und in dessen Nähe aufstellte (Böckh z. Corp. Inscr. Gr. n. 213, T. I. p. 344). Patroos der Athenienser war ja zunächst der Delische Apollon. In diesen Tempel hat man sicherlich auch die unter dem Namen des Delischen Apollon gehende Bildsäule zu setzen. Hiemit stimmt es nun auf das Beste, dass die in dem betreffenden Tempel befindliche Statue des Apollon Patroos, welche Pausanias I. 3. 3 erwähnt, erst von Euphranor gearbeitet war. Der Tempel wird doch schon früher ein Cultusbild enthalten haben. Das ist, meine ich, eben die auf den besprochenen Athéniensischen Münzen zunächst berücksichtigte Copie des Apollon des Tektäos und Angelion. Wie kam man aber dazu, einen Apollon Patroos durch Euphranor bilden zu lassen? Dass das frühere Tempelbild kurz vor Euphranors Zeit untergegangen sei, hat nicht die mindeste Wahrscheinlichkeit. Nun ist aber bekannt, dass der Ionische Patroos später mit dem Dorisch - Delphischen Apollon völlig gleichgestellt wurde. Diese Gleichstellung findet sich zuerst entschieden ausgesprochen bei Platon und bei Demosthenes; vgl. C. Fr. Hermann's d. griech. Staatsalterth. §. 96. Anm. 10. Zu dieser Zeit konnte ein Cultusbild, welches so bestimmt nur auf den Delischen Apollon hinwies, wie die Copie des Apollon des Tektäos und des Angelion, nicht mehr für den Patroos genügen. Man liess also ein neues, passenderes anfertigen. Das alte blieb daneben bestehen, wurde aber nunmehr im Besonderen ,,der Delische Apollon" genannt, während das Bild Euphranors den Namen ,,Apollon Patroos" führte. Auch der Umstand, dass Theophrast a. a. O. den Tempel des Apollon im innern Kerameikos, wenn ich nicht irre, als den des Delischen Apollon, nicht aber als den des Apollon Patroos bezeichnet, lässt sich hiernach wohl erklären. Zu seiner Zeit galt auch der im Python verehrte Apollon als Patroos von Athen. Er nennt daher den Tem-

pel im inneren Kerameikos, um genau zu sprechen,
den des Delischen Apollon.

. Demnach könnte das Kunstmotiv des Apollon
Stroganoff und des Apollon vom Belvedere immerhin
von dem Apollon Alexikakos des Kalamis entlehnt
sein. Und doch zweifle ich daran gar sehr. Mein
Zweifel beruht zunächst auf dem, was sich über
den Kunstcharakter des Kalamis im Allgemeinen urtheilen lässt. Dieser Künstler würde schwerlich die
Eigenschaft als Alexikakos durch eine Handlung,
wie sie jene Statuen in so charakteristischer und
lebensvoller Weise zeigen, zur unmittelbaren An-
schauung gebracht haben. Dazu kommt ein Bedenken, welches die betreffenden Worte des Pausanias
selbst an die Hand zu geben scheinen. Der Perieget sagt: der Beiname Alexikakos sei dem Apollon
zu Theil geworden, weil er die in Athen zur Zeit
des Peloponnesischen Krieges wüthende Pest in
Folge eines Orakelspruches aus Delphi habe aufhö-
ren machen. Mögen diese Worte vollkommene Wahrheit enthalten oder nicht, jedenfalls stehen sie in
Bezug auf die Statue des Kalamis, so dass sie die
Vermuthung erregen, dieser Künstler habe im Wesentlichen den Delphischen Orakelgott, etwa mit Hin-
zufügung einer speciellen Beziehung auf Athen, dargestellt.

Ausserdem kann ich nicht umhin, auch das
zweite Bedenken gegen die Herleitung der beiden

in Rede stehenden Apollonstatuen von der des Kalamis, das von der Verschiedenheit des Stils hergenommene, zu theilen, wenn auch Einiges von dem, was Feuerbach in seiner Besprechung dieses Punktes S. 245 fl. veranschlagt, jetzt nicht mehr stichhaltig ist, nachdem Brunn (a. a. O. S. 67) dargethan hat, dass das Werk des Kalamis keinesweges „als das Denkmal einer so traurigen Katastrophe und ihrer erfreulichen Lösung zugleich geschichtliche Bedeutung hatte *)", und nachdem der Apollon Stroganoff

---

*) Oder man müsste denn annehmen, dass die von Pausanias berichtete Annahme schon frühzeitig aufgekommen sei. Welcker Kl. Schr. Th. III. S. 40 fl., der schon vor Brunn aussprach, dass auf die Angabe, Kalamis habe den Alexikakos nach der Atheniensischen Pest und in Bezug auf dieselbe gearbeitet, gar Nichts zu geben sei, meint, man habe entweder die Statue vor dem Tempel des Apollon Patroos dem Kalamis nur „zugeschrieben oder wahrscheinlich eine etwas ältere Statue von Kalamis, die durch den Kunstwerth diese Auszeichnung und doppelten Vorzug verdiente, zum Alexikakos ernannt." Und zwar scheint Welcker zu meinen, dass dieses Letztere schon bald nach der Pest geschehen sein könne. Er äussert wenigstens die Ansicht, die nach Thukydides III. 104 in Folge eines gewissen Orakelspruches vorgenommene Reinigung von Delos sei „vermuthlich von Delphi aus als eine Pflicht der Dankbarkeit auferlegt worden, indem hinterdrein Apollon die Heilung sich beilegte." Allein ich erlaube mir, die Richtigkeit dieser Ansicht in Zweifel zu ziehen. Aus Thukyd. II. 64 erhellt, dass man zu seiner Zeit ganz im Gegentheil annahm, Apollon habe, um den Spartanern beizustehen, den Atheniensern die Pest gesandt, und damit stimmt noch der von Welcker selbst angeführte Diodor. XII. 58 durchaus überein, der ausdrücklich berichtet, „dass die Athener wegen des Uebermasses

bekannt geworden ist, welcher dem Apollon des Kalamis der Zeit nach näher steht, als der Belvederische, und doch selbst wiederum nur eine Copie ist. Wenn der Verfertiger des Originals dieser Copie der sogenannten Restaurationsperiode der Kunst angehörte, so würde er sich schwerlich den Kalamis zum Muster genommen haben, zumal da nicht wohl angenommen werden kann, dass es kein anderes Vorbild eines Apollon Apotropaios gegeben habe; wenn er aber, wie ich vermuthe, in einer früheren Zeit wirkte, so wird ihm nicht bloss die Formgebung, sondern auch die Schöpfung des Kunstmotivs zuzuweisen sein.

Da es mithin nicht erlaubt ist, an den Apollon Alexikakos des Kalamis zu denken, so liegt es, wie es scheint, nahe, ein Augenmerk auf die Statue des Apollon zu richten, welche nach Pausanias I. 3. 3 nebst der des Kalamis vor dem Tempel des Apollon Patroos stand. Man wird wenigstens zugeben müssen, dass, wie der Apollon Alexikakos nicht von ungefähr eben an jene Stelle kam, so auch die Statue des Leochares nicht ohne bestimmte Beziehung an derselben aufgestellt wurde. Freilich kann es auf den ersten Blick scheinen, als führten die Worte des Periegeten selbst zu der Einsicht, dass der Apollon

---

des Uebels die Ursachen auf die Gottheit zurückführten und darum die Reinigung von Delos vornahmen."

des Leochares eine andere Beziehung gehabt habe, als wir sie dem Originale, um welches es sich handelt, zuschreiben *), indem jene Worte auf die Meinung führen könnten, als wenn dem Apollon des Leochares der Alexikakos des Kalamis gewissermassen entgegengesetzt würde. Indessen darf dieses bei weiterer Ueberlegung keinesweges als wahrscheinlich gelten. Die Statue des Kalamis war ein religiöses Bild im engeren Sinne. Sie galt dem Pausanias, der zudem das Alterthümliche besonders hoch achtet, und seinen Gewährsmännern für wichtiger, als Document für die Wirksamkeit und Gnade des Gottes und für ein auch in anderer Hinsicht so merkwürdiges Ereigniss, worauf nach ihrer Annahme auch der Beiname deutete. Die Apollostatue des Leochares hatte, wenn man aus dem Schweigen des Periegeten den Schluss ziehen darf, keinen besonderen Beinamen **).

---

*) Auch giebt in der That Gerhard im Text zu den Ant. Bildw. S. 133, Anm. 36 z. E. dem Apollon des Leochares eine ganz andere Beziehung.

**) Ich sehe aus Beulé's Monn. d'Athènes p. 272. dass dieser Cavedoni's Vermuthung für wahrscheinlich hält, nach welcher die Statue des Leochares der in Plutarchs Themistokles S. 15 erwähnte Apollon Daphnephoros sein soll. Aber das ist schon deshalb unmöglich, weil die bei Plutarch berichtete Weihung der Schiffsabzeichen an Apollon Daphnephoros der Zeit der Schlacht von Salamis angehört. — Auch steht eher zu vermuthen, dass dieser Apollon ein eignes Heiligthum gehabt habe; wie selbst in Phyla oder in dem Demos Phlyeis ein eigenes Daphnophoreion war (Theophrast. bei

Dennoch ist es mehr als wahrscheinlich, dass sie den Apollon Patroos in einer besonderen Auffassungsweise darstellte. Denn das eigentliche Bild des Patroos, welches sich im Tempel selbst befand, hatte ja Euphranor gearbeitet, der ein Zeitgenosse des Leochares war *). Man verfällt auch so wie von selbst auf die Vermuthung, dass die Statue des Leochares ähnlichen Bezuges war, wie die des Kalamis, dass sie aber des Beinamens entbehrte, weil der eben an der älteren und mehr geheiligten Statue haftete. Etwa in der Zeit, als das ältere Cultusbild des Apollon Patroos im Innern des Tempels einen Ersatz oder Pendant durch ein neues von der Hand des Euphranor erhielt, kann recht wohl auch der alterthümlichen Darstellung des Patroos als Alexikakos vor dem Tempel ein neueres Bild zur Seite gestellt sein, das, wenn es auch in religiöser Beziehung von minderem Ansehen, ja vermuthlich gar

---

Athen. X. p. 424 f. — Es verschlägt uns Nichts, wenn man etwa annehmen will, dass die Statue des Leochares doch einen Beinamen gehabt habe, dieser aber dem Pausanias, der sich um ihn wegen des ihm wichtigeren Werkes des Kalamis nicht weiter kümmern mochte, nicht genannt sei; wenn man nur zugiebt, dass die Stellung neben diesem Werke und vor dem Tempel des Apollon Patroos als massgebende Kriterien für die Entscheidung über die Darstellungsweise des Apollon des Leochares zu betrachten sind.

*) Vermuthungen über die Darstellungsweise des Apollon Patroos des Euphranor bei Beulé a. a. O. und in meinem Texte zu Denkm. d. a. Kunst Bd. II. Taf. XII. n. 130.

kein eigentliches Cultusbild war, doch als vollwichtige künstlerische Darstellung den „väterlichen" Gott in seiner Eigenschaft als Abwender des Unheils zu verherrlichen bestimmt war*). In wiefern sich gegen die Zurückführung der Stroganoff'schen Statuette auf ein Werk des Leochares im Allgemeinen Etwas einwenden liesse, sehe ich nicht ab**).

---

*) Zur Zeit des Leochares konnte immerhin die Meinung, dass Apollon Alexikakos den Atheniensern bei Gelegenheit der Pest des Peloponnesischen Krieges Beistand geleistet habe, schon Fuss gefasst haben; eine Meinung, die sich, namentlich bei dem Verhältnisse, in welchem der Patroos zu Athen stand, allmälig um so eher entwickeln konnte, als ursprünglich grade Apollon als Sender der Pest betrachtet wurde, und etwa die Veranlassung zu dem Irrthum gab, dass Apollon erst wegen jenes Beistandes den Beinamen Alexikakos erhalten habe. Zu derselben Zeit konnte man zu Athen für gewöhnlich die Annahme hegen, dass Sophokles mit dem, was er im Oedipus Tyrannos über die Thebanische Pest sage, auf die Athenienische Bezug nehme, auch wenn dieses in der That nicht der Fall war.

**) K. O. Müller meinte (Kl. d. Schr. II. S. 452), dass der Kopf des ehemals unter dem Namen der Barberinischen Muse gehenden Apollon Kitharödos in der Glyptothek zu München nicht aus voralexandrinischer Zeit stammen könne, da die Haarschleife über der Stirn, welche er nach Art des Belvederischen Apollon trage, wie man nach Münzen und Vasenbildern urtheilen müsse, dieser Periode fremd gewesen sei. Wäre seine Ansicht die richtige, so würde man z. B. auch die Haarschleife des Eros von Centocelle nicht auf Praxiteles, sondern auf den Copisten zurückführen müssen; denn man kann ebensowohl sagen, dass auch Eros mit der Haarschleife auf Münzen und Vasenbildern vor Alexander nicht vorkomme, wobei freilich eingestanden werden muss, dass Eros in beiden Gattungen von Bildwerken, namentlich in der ersteren, nicht so häufig

Hiermit habe ich zur Genüge dargelegt, wie nach meiner Ansicht nicht nur der Apollon Stroganoff, sondern auch der Apollon vom Belvedere aufzufassen sein wird, wenn Stephani's Ansicht, dass die linke Hand dieser Statuen die Aegis mit dem Gorgoneion gehalten habe, das Wahre trifft. Ich habe es nicht vermieden, an den geeigneten Stellen auf einige Umstände aufmerksam zu machen, in Betreff deren gewisse Bedenken zurückbleiben können. Diese Bedenken sind aber nicht so erheblich, dass sie zur Verwerfung der Deutung im Allgemeinen führen dürften, wenn es nicht möglich ist, eine Erklärung aufzustellen, die im Allgemeinen ebenso wahrscheinlich und zugleich im Besonderen ohne ähnliche Bedenken ist.

---

dargestellt gefunden wird als Apollon. Aber bei Müller befremdet jenes Urtheil um so mehr, als er im Handb. d. Arch. §. 330. Anm. 5. in jener „über der Stirn aufgestockten Haarschleife den alt-Jonischen Haarputz des κόρυμβος, κρωβύλος oder σκορπίος" erkennt, „den man wohl an der alterthümlichen Haartracht der κόραι am Tempel der Polias am Deutlichsten sehe, und der, bei den älteren Athenern allgemein üblich und auch an männlichen Statuen beliebt, sich später besonders bei der Jugend erhalten habe und daher in der Kunst bei Apollon, Eros u. s. w. gefunden werde." Liesse sich diese Ansicht halten, so könnte man selbst bei Billigung der ersteren, nach welcher die Haarschleife bei Apollon als nachalexandrinisch zu betrachten sein soll, diese bei einem Apollon Patroos, zumal einem Werke des Leochares, nicht bloss für berechtigt, sondern auch für ein beabsichtigtes Kriterion halten. Allein ich meines Theils hege gegen beide Ansichten grosses Bedenken.

Ich hatte bei Erwägung der Stephani'schen Annahme einer Aegis öfters den Gedanken gefasst, ob nicht vielmehr ein anderes Fell anzunehmen sei, aber keins finden können, welches passend scheinen durfte, als ich durch Freund Gaedechens erfuhr, dass der Duc de Luynes schriftlich gegen ihn geäussert habe, das Fell in der Linken des Apollon Stroganoff könne möglicherweise — die **Haut des Marsyas** sein. Ich leugne nicht, dass mir kein Gedanke ferner gelegen hätte. Denn ich hege, wie schon oben bemerkt, mit Stephani auch nicht den mindesten Zweifel, dass das, was von dem Apollon Stroganoff gelten soll, auf den allein sich die Vermuthung des ausgezeichneten Französischen Alterthums- und Kunstkenners bezieht, auch betreffs des Apollon vom Belvedere angenommen werden muss. Wird man aber geneigt sein, sich diese Statue, welche allgemein für die am meisten idealische Darstellung des Gottes gilt, mit einem solchen Attribute eines Schinders zu denken? Dem modernen Gefühl wird das durchaus widerstreben. Der Kunst, die den Römern dienstbar war, kann man inzwischen eine solche Darstellungsweise mit keinem genügenden Grunde absprechen. Aber es handelt sich hier nicht bloss um ein Werk der Kaiserzeit, sondern ohne Zweifel um eine Schöpfung eines Griechischen Künstlers aus der Zeit, da die Kunst in Blüthe stand.

Vor allen Dingen wird es nöthig sein, dass Stephani den Stroganoff'schen Apollon einer wiederholten Untersuchung unterzieht. Findet er, dass aus physiologischen Gründen an die Haut des Marsyas nicht gedacht werden kann — wobei indessen zu beherzigen ist, dass dieser als thierartig, als der Classe der ϑῆρες angehörig, betrachtet werden konnte —; kann er mit genügender Sicherheit beweisen, dass die Spur auf der äusseren Fläche der linken Hand auf eine Schlange führe, dass es unmöglich sei, einen Ueberrest von einem Hautschnipfel oder etwas Anderem, welches etwa zu der Annahme eines Marsyasfells passen möchte, vorauszusetzen, — nun, dann muss es bei der Annahme einer Aegis bleiben. Aber spricht nicht schon die tête de Gorgone (s. oben S. 1) zur Genüge gegen die Haut des Marsyas? Ich für meinen Theil halte mich — ich wiederhole es — davon überzeugt, dass Stephani vollkommen Recht hatte, wenn er die ursprüngliche Zusammengehörigkeit der tête de Gorgone mit dem Fell vermuthete. Allein dies hindert mich andererseits nicht, die Möglichkeit einer Marsyashaut einzuräumen. Ich bin viel eher geneigt, dem Zeugen für eine tête de Gorgone die Verwechselung dieser mit einem Marsyaskopfe, wie wir ihn bald kennen lernen werden, zuzutrauen, als jene Vermuthung aufzugeben; selbst bei der Voraussetzung, dass der Marsyaskopf bei der Statuette Stroganoff bärtig war, denn einen unbärtigen Marsyaskopf möchte ich hier nicht gern annehmen, obgleich in der That Marsyas ein paar Male ohne Bart vorkommt.

Indem ich nun auf die Sache selbst weiter eingehe, kann ich wegen der Marsyassage und ihrer Behandlung von Seiten der Dichter und bildenden Künstler im Allgemeinen auf die schätzbaren Aufsätze C. A. Böttiger's in den kl. Schriften arch. u. antiq. Inhalts Bd. I. S. 5 fll. und A. Michaelis' in den Ann. d. Inst. arch. Vol. XXX. p. 298 fll. verweisen. Es ist bekannt, dass nach der älteren Annahme Apollon selbst die Bestrafung des Marsyas übernimmt und das Geschäft des Abhäutens verrichtet. Allmälig wird dieses auf einen Anderen, einen Barbaren, übertragen, oder es wird die Art der Bestrafung anders gefasst. Was die Behandlung des Gegenstandes durch die bildenden Künstler anbetrifft, so sind uns zwei Vasenbilder untercitalischer Herkunft erhalten, welche den Apollon im Augenblicke vor der Bestrafung mit dem Messer in der Hand zeigen: das eine in Tischbein's Collect. of anc. Vases T. IV. pl. 6, in der El. céramogr. T. II. pl. 74. und in den Denkm. d. a. K. Bd. II. Taf. XIV. n. 150, das andere in Gargiulo's Racc. t. 113, in Gerhard's A. Bildw. T. XXVII. n. 2. und in der El. cér. T. II. pl. 64 *). Welcker war vor Jahren

---

*) Die Meinung, dass Apollon das Messer, welches der berühmte Skythe der Gall. d. Uffizj zu Florenz schleift, gebrauchen werde

der Ansicht, dass auf dem Aschengefässe mit Etruskischer Inschrift in Bartoli's Ant. Sepolcr. t. 95 dargestellt sei, wie Apollon selbst den Marsyas an den Baum binde (Zeitschr. für Gesch. u. Ausl. d. a. Kunst S. 149). Allein es kann nach unserer Ansicht auch nicht dem mindesten Zweifel unterliegen, dass hier Polydeukes, den Amykos anbindend, gemeint ist, wie auf der Ficoronischen Cista (Denkm. d. a. K. Bd. I. Taf. LXI. n. 309. b.). Ein anderes erhaltenes Werk stellt den Apollon nach vollzogener Abhäutung, Kopf-, Arm- und Leibhaut des Marsyas mit der Linken vor sich hinhaltend, dar. Wir meinen die schon längst aus der Galler. Giustinian. T. I. t. 59 bekannte Marmorstatue, welche auf unserer Kupfertafel unter n. 2 nach der sicherlich ungenügenden, aber durch keine bessere zu ersetzenden Abbildung in Clarac's Mus. de Sculpt. T. III. pl. 541. n. 1136 wiederholt ist. Diese zunächst mit dem Apollon Stroganoff, wenn man ihn als Bestrafer des Marsyas glaubt fassen zu können, zusammenzustellende Statue, an welcher das Attribut der Linken vollkommen sicher steht*), ist, wie schon das Material, Carrari-

---

(Overbeck Kunstarch. Vorles. S. 142 fl.), ist wohl von ihrem Urheber selbst wieder aufgegeben. — Ueber die zuletzt von Michaelis p. 323. Anm. 2. besprochene einstmalige Gruppe zu Dresden vgl. man Hettner Bildw. d. K. Antikensamml. z. Dr. S. 36. n. 155.

*) Vgl. Clarac T. III. p. 304: On serait tenté de croire que cet accessoire est du à une restauration moderne; mais il n'en est

scher Marmor, zeigt, ein Werk Römischer Zeit. Weiter hat schon Böttiger S. 58 bemerkt, dass man sich den Apollo Tortor, von dem bei Sueton im Leben des August C. 70 die Rede ist, in ähnlicher Weise dargestellt zu denken habe, und Böttiger ist nicht ohne Nachfolger geblieben. Also bestanden Darstellungen wie die jenes Apollon Giustiniani wenigstens schon zur Zeit des Augustus, und es kann sehr fraglich scheinen, ob man den letzterwähnten Apollo Tortor als Römisches oder nicht vielmehr als Griechisches Kunstwerk zu betrachten habe, da selbst die Annahme frei steht, dass er aus Griechenland nach Rom gebracht worden sei *). Inzwischen ist einzugestehen, dass, wenn auch die Deutung des von Sueton erwähnten Apollo Tortor als Marsyasschinders keinem Zweifel unterliegen kann, doch es nicht unumgänglich nöthig ist, sich die betreffende

---

rien: cette partie de la statue, quolque fracturée en deux endroits, est antique. Ueber die Ergänzungen bemerkt er: La tête n'est pas celle de la statue, mais elle est antique aussi. Le bras gauche a deux cassures, l'une à la moitié du biceps au dessous du deltoïde, et l'autre à la moitié de l'avant-bras. Les jambes ont aussi des cassures qu'indique notre gravure. Le bras droit est moderne du point où il se détache du corps.

*) Auch Preller Röm. Mythol. S. 276. A. 3 meint, „der Ap. Sandaliarius und Tortor d.i. der Schinder des Marsyas gehörten zu den von August und Agrippa an den Kreuzwegen und Wasserbassins aufgestellten Kunstwerken", indem er auf Sueton. Octav. 57 verweist, wo allerdings der erstgenannte Apollon unter den Simulacra vicatim dedicata aufgeführt wird.

Statue grade so zu denken, wie die Statue Giustiniani, da sie ja den Gott etwa nur mit dem Messer in der Hand dargestellt haben kann. Dabei bleibt es übrigens mehr als wahrscheinlich, dass man die Statue Guistiniani für ihre Zeit keinesweges als Ausnahmsdarstellung zu betrachten hat. Ich würde schliesslich nicht anstehen, auch die von Pausanias I. 24. 1. erwähnte Gruppe der Athena und des Marsyas auf der Akropolis von Athen zur Vergleichung zu empfehlen, wenn es wahrscheinlich wäre, dass in jenem Bildwerk die Göttin den Silen **geschlagen hätte** *).

---

*) Die Worte des Pausanias lauten: Ἐνταῦθα Ἀθηνᾶ πεποίηται τὸν Σιληνὸν Μαρσύαν παίουσα, ὅτι δὴ τοὺς αὐλοὺς ἀνέλοιτο, ἐρρῖφθαι σφᾶς τῆς θεοῦ βουλομένης. Noch Michaelis a. a. O. p. 318 fl. nahm an jenem Umstande keinen Anstoss, und glaubte, dass die Sache auch auf einem Etruskischen Spiegel dargestellt sei. Aber schon Brunn bemerkte in demselben Vol. XXX der Ann. p. 375: che l'azione di una Minerva che batteva, percuoteva Marsia non — sembra convenire alla dignità della dea, nè offrir un concetto degno dell' arte statuaria. Er will deshalb für παίουσα schreiben: ἐπιοῦσα. Aber das ist sicherlich nicht das Richtige. Pausanias schrieb πτύουσα. Also war Athena dargestellt, wie sie ihren Abscheu gegen den Marsyas an den Tag legte. So erscheint sie in der That auf einem geschnittenen Steine des Berliner Museums (Tölken Erkl. Verz. Kl. III. Abth. 2. n. 332), der in Gerhard's akad. Abhandl. über Minervenidole Taf. IV. n. 9 abgebildet und danach auf der Tafel zu K. von Paucker's Schrift über das alt. Palladion unter n. 9. wiederholt ist, auch in den Denkm. d. a. K. Bd. II. Taf. XXII. n. 239. a. in neuer Abbildung zu finden sein wird. Dieselbe Darstellung findet sich auf einem Intaglio, dessen Aufbewahrungsort nicht

Da durch die oben mitgetheilten monumentalen Belege ausser Zweifel gestellt ist, dass es in der Zeit der Römischen Kaiser Darstellungen des Apollon gab, die den Gott nach vollendeter, durch ihn selbst vollzogener Bestrafung des Marsyas mit dem Felle dieses zeigten, und schon in der Griechischen Kunst Apollon im Augenblicke vor jener Handlung mit dem Messer in der Hand dargestellt wurde, so haben wir jetzt zu untersuchen, ob die Statuette Stroganoff und namentlich die Statue des Belvedere an sich den Apollon nach vollbrachter Bestrafung des Marsyas mit dem Felle desselben in der vorgestreckten Linken darstellen könne.

---

angegeben ist, in Lenormant's N. Gal. myth. pl. XVIII. n. 17; denn Lenormant's Beschreibung p. 107: Minerve, debout, à gauche, appuyée sur sa lance et sur son bouclier; à droite, derrière la déesse, Éros ailé, jouant de la double flûte, beruht, namentlich was den „Éros" anbelangt, ohne Zweifel auf Irrthum. Tölken giebt die Darstellung des Borl. Steines folgendermassen an: „Minerva hat die Flöten weggeworfen und deutet sinnend auf ihr Gesicht; hinter ihr ein Satyr, der aus Leibeskräften und auf den Zehen stehend die gefundenen Doppelflöten bläs't." K. von Paucker dachte wegen des flötenspielenden Satyrs an Athena Skiras. Allein der Satyr ist, trotz seiner Unbärtigkeit, kein anderer als Marsyas. Der Gestus der rechten Hand, deren Zeigefinger an die Nase gehalten wird, deutet nicht auf „Sinnen", sondern, wie schon Böttiger a. a. O. S. 23 richtig bemerkte, auf „Verachtung." Er ist eben die Geberde einer πτύουσα. Man vgl. den sich umwendenden Satyr auf dem Vasenbilde der arch. Samml. d. Univ. Leipzig bei Jahn Ber. d. K. S. Ges. d. Wiss., 1847, S. 287 fl.

Was zuvörderst die ganze Haltung und die Mienen (siehe oben S. 43) anbelangt, so passen diese auf das Beste. Auch in der Marsyassage handelt es sich um einen Sieg des Apollon über einen Gegner, der jenem den Sieg nicht leicht machte, und war der Gegner ein dem Apollo verhasstes Scheusal, dessen frevelhafter Uebermuth bei diesem wohl Unmuth und Hohn hervorrufen konnte.

Wie ist aber das Blicken und das Halten des Fells nach links hin zu fassen? Natürlich kann das nicht dem Marsyas gelten, schon deshalb nicht, weil man sich den Apollon als von diesem weggeschritten zu denken hat. Aber die Bestrafung des Marsyas findet ja auch sonst nicht ohne Zeugen statt. Bei Ovid Metam. VI. 332 fll. trauern Faunen und Satyrn und Nymphen um den Marsyas. Betrübt theilnehmende Satyrn und Bakchantinnen oder Nymphen zeigt das erstere der oben erwähnten Vasenbilder (vrgl. Text z. D. d. a. Kunst a. a. O.), und ähnlich finden wir auch auf dem Gemälde des jüngeren Philostratos (Imagg. 2) in der Darstellung der bevorstehenden Schindung des Marsyas eine Schaar von Satyrn, bei denen sich der Ausdruck des Kummers um den Gefährten mit dem der angebornen Uebermüthigkeit und Leichtfertigkeit mischt. Also: Apollon hemmt, im Weggehen begriffen, auf einen Augenblick seine Schritte, um den gleichgesinnten Begleitern des Marsyas zu Gemüthe zu führen, was sie zu erwarten haben, wenn sie es etwa eben so weit treiben wollen wie jener, oder um sie zu entfernen.

Hiemit ist zum Theil schon angedeutet, wie wohl die Stellung passt. Zugleich erklärt sich so auf das Vollkommenste, warum Apollon das Fell in der Linken hält und sich nach links hinwendet. Das Aufschlitzen der Haut ist mit der Rechten, das Abziehen derselben hauptsächlich mit der Linken geschehen. So werden die Exuvien von dem abgehenden Apollon naturgemäss mit der Linken gehalten *). Jetzt kann man die Abweichungen in Betreff der Anlegung der Chlamys (s. oben S. 77) vollständig auf den Grund zurückführen, welcher an sich der am Meisten einleuchtende ist, nämlich auf grössere Einfachheit bei der Statuette Stroganoff und auf das Streben nach Effect und die anderen schon erwähnten Motive bei der Statue vom Belvedere. Die oben S. 55 dargelegte Auffassung der abweichenden Haltung des linken Arms bei den Statuen passt vollkommen zu der jetzt in Rede stehenden Erklärung. Auch die räumlichen Verhältnisse zwischen Apollon und denen oder lieber dem, welchem man sich ihn gegenüber stehend zu denken hat (S. 55 fl.), ma-

---

*) Man wird hiegegen nicht einwenden wollen, dass der zur Bestrafung des Marsyas sich anschickende Apollon des Vasenbildes in d. Denkm. d. a. Kunst a. a. O. das Messer augenblicklich mit der Linken gefasst hält. Auf dem anderen Vasenbilde gleichen Bezuges findet es sich in der Rechten des Gottes.

chen nicht die mindeste Schwierigkeit. Die Satyrn oder lieber ihren Repräsentanten braucht man sich nicht in unmittelbarer Nähe, kann man sich jedenfalls von der Grösse des Gottes selbst denken.

Aber was wird man mit dem geöffneten Köcher des Apollon vom Belvedere (s. oben S. 44 fl.) anfangen? Nun, er wird vollkommen erklärt sein, wenn man annehmen darf, dass Apollon sich aus ihm einen Pfeil genommen hat, um sich desselben an Messers Statt zum Aufschlitzen der Haut zu bedienen. Es wird zugestanden werden müssen, dass zu diesem Behufe kein Instrument dem Apollon näher war, als eben einer der Pfeile, die er, wie ihn Euripides Alc. 40 selbst sagen lässt, immer bei sich führt. Mehrere namhafte Archäologen haben, ohne den mindesten Anstoss daran zu nehmen, gemeint, dass auf dem ersterwähnten Vasenbilde Artemis dem Apollon einen Pfeil reiche, damit er sich dessen bei der Schindung des Marsyas bediene. Ich habe S. 66 des Textes zu der zweiten Bearbeitung des ersten Heftes vom zweiten Bande der Denkm. d. a. K. diese Meinung als irrig bezeichnet, aber zunächst nur aus dem Grunde, weil Apollon ja schon ein Messer zum Schinden in der Hand hält. Oder meint man etwa, dass, da doch die Bildwerke den Apollon keineswegs stets mit Bogen und Pfeilen zeigen und dadurch lehren, dass jene Worte im Munde des Euripideischen Apollon nicht volle Wahrheit enthalten, da namentlich die erhaltenen bildlichen Darstellungen zu der Annahme führen können, dass der Köcher bei Apollon, dem Besieger und Bestrafer des Marsyas, als etwas nur ausnahmsweise Vorkommendes zu betrachten sein würde, aus diesen Gründen die obige Auffassungsweise des geöffneten Köchers nicht zulässig sei? Ich will gar nicht in Anschlag bringen, dass es sonst nicht an Kunstdarstellungen fehlt, in denen Apollon zugleich das Saiteninstrument und Bogen und Köcher hat. Wenden wir unseren Blick auf die betreffenden Vasenbilder, so zeigt uns das zuletzt in der El. cér. T. II. pl. 64 herausgegebene den mit dem Messer in der Rechten versehenen Apollon im eigentlichen Kitharödencostüm und vor ihm am Boden das Saiteninstrument, dessen er sich beim Wettkampf bediente. Dagegen findet sich auf dem diesem zunächststehenden Vasenbilde keine Spur von dem kurz vorher gebrauchten Saiteninstrument, ebenso keinesweges jenes Costüm, sondern Apollon ist nackt bis auf ein shawlartig umgeworfenes Obergewand, kann also in Betreff der Tracht durchaus mit dem Apollon Stroganoff und dem vom Belvedere zusammengestellt werden. Auf andern Vasenbildern mit Marsyas und Apollon erscheint dieser bloss mit dem chlamysartigen Gewand angethan, ohne Saiteninstrument, aber mit einem Lorbeerast: Beispiele giebt die El. cér. T. II. So gut wie dieser Ast nur dazu dient, den Apollon genauer zu bezeichnen,

konnte ein Künstler, wenn es ihm beliebte, auch den
Köcher zu einer genaueren Bezeichnung wählen.
Freilich ist zuzugeben, dass, genau genommen, der
Lorbeerast zum Apollon als Kitharödos in näherer
Beziehung steht als Bogen und Köcher. Aber grade
dieser Umstand kann auf die richtige Ansicht führen,
insofern als es sich auf den betreffenden Vasenbildern mehr um den Apollon Kitharödos als um den
Apollo Tortor handelt. Das Wahre erhellt noch unmittelbarer, als durch die Betrachtung des zuletzt in
d. Denkm. d. a. K. Bd. II. Taf. XIV. n. 150. abgebildeten Vasenbildes, durch die des Apollon Giustiniani.
Wir lernen durch dieselbe, dass der Künstler, der
den Apollon wesentlich so aufgefasst wissen wollte,
wie wir es jetzt in Betreff des Apollon Stroganoff
und des vom Belvedere voraussetzen, zu jenem Behufe hauptsächlich die Exuvien vom Marsyas ver-
wandte. Es findet sich keine Spur eines Attributs,
welches den voraufgegangenen Wettstreit klar an-
deutete. Der Künstler berücksichtigt zunächst nur
die Bestrafung, eben so wie der Verfertiger des
eben genannten Vasenbildes. Der Ergänzer hat dem
Apollon Giustiniani ein Messer in die Linke gegeben.
Ich denke, mit Recht; wenigstens hatte der Künstler
durch das Messer bestimmt angedeutet, dass die Abhäutung durch Apollon selbst, nicht nur auf dessen
Befehl, verrichtet sei. Hätte der Apollon Giustiniani
einen geöffneten Köcher, wie der vom Belvedere,

oder auch nur ein Köcherband, wie der Apollon Stroganoff — denn auch bei der jetzt in Rede stehenden Auffassungsweise wird das Achselband dieses Apollon nicht für einen Leierträger gehalten werden dürfen —, so würde das Messer mit Sicherheit in Abrede zu stellen sein *). Summa: Kann ein Pfeil überhaupt an Messers Statt zugelassen werden, so darf man den geöffneten Köcher oder das Gleiches bedeutende Köcherband mit Entschiedenheit als ein bezeichnendes Attribut eines Apollon Marsyasschinders betrachten. Auf den Umstand, dass sich dieses Attribut jetzt nur noch für ein paar Fälle wahrscheinlich machen lässt, wird kein Verständiger Etwas geben wollen. Findet' man doch auch das Messer in der Hand des Apollon jetzt nur noch ein paar Male. Im Gegentheile lässt sich recht wohl behaupten, dass bei einem Apollon, der die Exuvien vom Marsyas trägt, die Beziehung der Beigabe eines geöffneten Köchers oder eines Köcherbandes auf die durch den Gott selbst vollzogene Schindung eben dadurch erleichtert wurde, dass diese Attribute bei dem Gotte, wenn er bloss als Besieger des Mar-

---

*) An den schon im Text z. d. Denkm. d. a. K. Bd. II. Taf. XI. n. 124 mit dem Apollon vom Belvedere zusammengestellten Marmorstatuen bei Clarac Mus. de Sculpt. T. III. pl. 476. A. n. 906. A. und pl. 452. C. n. 948. E., die mit ebenso grosser Wahrscheinlichkeit mit dem Apollon Giustiniani zusammengehalten werden können, findet man auch kein Achselband.

syas gefasst werden sollte, durchaus überflüssig erscheinen müssten.

Wir wenden uns nun zu dem Attribute des Oelbaumtroncs (s. oben S. 63 fll.). Es wird zur Genüge passen, wenn es sich nur nachweisen lässt, dass man im Alterthum annahm, Apollon habe eben als Patroos von Athen den Marsyas geschunden. Das ist aber leicht abgemacht. Man vergleiche nur die Stelle des Plutarch im Alkibiad. C. 2, in welcher dem Mündel des Perikles folgende Worte in den Mund gegeben werden: „Lasst die Thebaner flöten, so viel sie wollen; zu sprechen wissen sie ja nicht. Wir Athenienser aber haben nach der Sage unserer Väter die Athena zur Archegetis und den Apollon zum Patroos, von denen jene die Flöte wegwarf, dieser aber dem Flötenspieler die Haut abzog."

Diese Sage verdient wohl eine etwas genauere Besprechung. Schon Böttiger hat darauf aufmerksam gemacht, dass etwa von der Zeit des Alkibiades an die Marsyassage in Athen eine Umbildung im specifisch Atheniensischen Sinne erfahren habe, und dass diese hauptsächlich durch das Drama, insbesondere durch das Satyrspiel gefördert sei. Es ist dabei bereits zur Rede gekommen, dass auch die bildende Kunst nicht unbetheiligt blieb, insofern als die messerschleifende Barbarenfigur der Marsyasgruppen nur wenn jenes statthatte als Skythe gefasst werden konnte. In Böotien stand das Flötenspiel in hoher Geltung. Die Böotische Sage schrieb der Athena selbst die Erfindung desselben zu. In Attica kam es seit jener Zeit in Verachtung. Es entwickelte sich allmälig die in der Stelle Plutarchs ausgesprochene Ansicht von dem Verhältniss der beiden hauptsächlichsten Schutzgottheiten Athens zu der Flöte und dem berühmtesten Flötenvirtuosen der Sage. Hiezu trug wesentlich der bekannte Antagonismus zwischen den Atheniensern und den Böotiern bei. Athena, und besonders Apollon, welcher ja tiefer in die Sage eingreift, der Gott des Kitharspiels und des Gesanges zur Kithar, repräsentiren Atheniensische Cultur und Sitte, Marsyas und seine Genossen, die Satyrn, Böotische Selbstüberhebung, Stumpfheit und Unflätigkeit. Michaelis bemerkt p. 308 mit grösster Wahrscheinlichkeit, dass von jener Zeit die Auffassung des Marsyas als Satyrs datire. Um so mehr hat er nach meiner Ueberzeugung Unrecht, wenn er Böttiger's Meinung, dass die Nachricht der Scholien zum Fulgentius bei Muncker z. Hygin. p. 279. 11. ed. Staveren., nach welcher Apollon den an den Baum gebundenen Marsyas mit einem Sauschwanz begabt, als Erfindung eines Attischen Dichters zu betrachten sei, in Zweifel zieht. Man erinnere sich nur an den Umstand, dass der Ausdruck „eine Böotische Sau" sprichwörtlich war, und Kratinos gradezu von „Sauböotiern" sprach (vgl. Böttiger S. 38 fl., Böckh z. Pindar. Ol. VI. 90., Meineke

Fr. Com. Gr. T. I. p. 225, Leutsch Corp. Paroemiogr. Gr. T. I. p. 223. 46). In der That passen auch alle die verschiedenen Weisen des metaphorischen Gebrauchs des Wortes ὗς auf die Eigenschaften, wegen deren man besonders zu Athen die Böotier verspottete. Durch die Anfügung des Sauschwanzes stempelte Apollon den Marsyas zu einem Böotier. Das war eine Strafe, welche in den Augen der Athenienser der des Schindens vollkommen gleich zu stehen, ja diese noch zu übertreffen scheinen konnte. Diese parodische Wendung der Sage kam in einem Satyrdrama vor. In einem andern oder in anderen wurde Marsyas gleich von Anfang an mit Schweineohren und Schweineschwanz aufgeführt, um ihn als Böotier zu bezeichnen, und ebenso seine Genossen, die Satyrn, die den Chor bildeten. Hieher rühren, meine ich, Schweineschwanz oder Schweineohren des Marsyas und der Satyrn in Kunstdarstellungen; natursymbolische Beziehung können diese Attribute nicht wohl haben. In einem solchen Drama konnte — das liegt auf der Hand — eine Scene vorkommen, in welcher Apollon, nach Bestrafung des Marsyas den Schauplatz verlassend, sich zu den Böotiern-Satyrn, oder vielmehr zunächst zu ihrem Koryphaios wendet und, indem er das Document der Bestrafung, die Exuvien vom Marsyas, hinhält, gebieterisch droht und mahnt, vielleicht auch heischt, den Boden zu meiden, den zu betreten solchen Satyrn nicht gezieme. Auch so lässt sich annehmen, dass Apollon nicht bloss im Allgemeinen als Patroos von Athen gefasst werde, sondern auch in der besondern Eigenschaft eines Alexikakos und Apotropaios; können demnach Oelbaum und Schlange bei dem Belvederischen, und die Verzierung des Achselbandes bei dem Stroganoff'schen Apollon ganz in den Beziehungen genommen werden, die wir oben S. 65 fll. dargelegt haben: obgleich alle diese Attribute schon dann ihre Erklärung finden, wenn man nur einen Apollon Patroos annimmt, der ja wesentlich auch Alexikakos und Apotropaios ist. Die Vernichtung des Repräsentanten frechen Uebermuths, der gefährlichsten Pest auf dem Gebiete des Sittlichen, die Entfernung alles Schadens, welcher von dieser Seite kommen kann, gehört wahrlich nicht weniger in jenen Bereich, als der Schutz gegen den Dämon der Pest, welche den Leib des Menschen tödtet.

Ich will nicht wiederholen, was Feuerbach (S. 396 fll.) für die Ansicht beigebracht hat, dass der Vaticanische Apollon sich an die Reihe der Bildwerke anschliesse, deren Grundidee auf der Griechischen Bühne wurzele. Auch der Apollon Stroganoff ist, bei allerdings grösserer Einfachheit, immerhin noch etwas „theatralisch" zu nennen.

Vielleicht sieht dieser oder jener auch darin

einen Vorzug dieser neuen Erklärungsweise, dass durch dieselbe die Bedenken beseitigt werden, welche jener Gelehrte gegen die Annahme eines im Kampf begriffenen Apollon S. 236 fl. erhebt, indem er bemerkt, dass doch wohl im Spiele der Muskeln, in der Bewegung der Glieder wenigstens noch eine Spur, wo nicht von stürmischer Hast, welche Pfeil auf Pfeil dem Bogen entriss, doch von Anstrengung oder gesammelter Kraft erkennbar sein müsse, wenn der Feind, den Apollon besiegte, ein furchtbares Ungeheuer gewesen sei. Ich meines Theils glaube hierauf nicht allzuviel geben zu dürfen. Diese Bedenken erledigen sich zum Theil durch unsere Annahme, dass Apollon aus weiter Ferne schoss, zum Theil auch dadurch, dass man ja gar nicht nöthig hat, vorauszusetzen, dass der Kampf besondere Kraftanstrengung erfordert habe. Oder hätte etwa Feuerbach unzweifelhaft Recht, wenn er hinzufügt: dass, wenn dem Apollon die Erlegung des Feindes Nichts weiter als einen Schuss und einen Pfeil gekostet habe — und, müssen wir hinzufügen, als das blosse Hinhalten einer in dämonischer Weise vernichtenden Waffe, wie die Aegis —, der triumphirende Stolz in seiner Miene als ein lächerliches Pathos erscheine? Ich denke doch, ein solcher Stolz stehe auch dem wohl an, der durch Behutsamkeit und weise Berechnung und namentlich durch Geschicklichkeit in Handhabung seiner Waffen den Sieg über einen wilden, waffengeübten Gegner wie Ares errungen hat. Selbst die Aegis braucht, wenn es sich um einen solchen Gegner handelt, nicht als unfehlbar siegbringend betrachtet zu werden.

Eher möchte ich es besonders betonen, wie vortrefflich die bekanntlich zu Antium gefundene Belvederische Statue grade als Darstellung des Apollon als Besiegers und Bekämpfers des Marsyas in einen Palast des Nero passt, des Affen des Apollon Kitharodos, welcher sich mit den Attributen dieses Gottes in Statuen und auf Münzen darstellen liess. .

Und wie stellt es sich jetzt mit der Frage nach dem Original? Nun, auch so wird dasselbe in Athen zu suchen sein, und zwar als eine der Darstellungen des Apollon Patroos, und in der Zeit von Alkibiades und Melanippides an. Wir kommen auch hier wieder auf die Statue des Leochares (s. oben S. 95 fll.) zurück, die ja nach unserer Annahme den Apollon Patroos als Alexikakos oder Apotropaios, aber in einer von dem Apollon Alexikakos des Kalamis doch abweichenden Weise darstellte. Man kann nun etwa sagen, dass, während in dem Bilde des Kalamis hauptsächlich ein Abwehrer leiblichen Unheils gemeint war, die Schöpfung des Leochares den Apollon als Apotropaios auf dem Gebiete des Ethischen anging. Das aber würde, wie es mir scheint, auch an sich besondes annehmbar sein.

Hiemit habe ich die wesentlichsten objectiven

Punkte berührt, von denen die Entscheidung abhängt, ob man einen Apollon mit der Aegis oder einen mit den Exuvien vom Marsyas anerkennen wolle. Dass diese weder bei dem Apollon Stroganoff noch bei dem vom Belvedere den Umfang einnahmen und in jener wegen der Mitdarstellung der Armhaut fast widrigen Weise behandelt waren, die man am Apollon Giustiniani gewahrt, bedarf keiner besonderen Bemerkung. Ich füge, indem ich die Entscheidung einem jeden meiner Leser überlasse, für das subjective Urtheil nur noch Folgendes hinzu. Irre ich nicht, so habe ich mit einer Sicherheit, wie sie auf diesem Gebiete überall nur erreichbar ist, die Möglichkeit der Beziehung der Aegis auf den Apollon Apotropaios dargethan. Ich darf aber nicht in Abrede stellen, dass die Exuvien vom Marsyas ein an sich viel eher anzunehmendes und auch viel klareres Attribut sein würden. Weiter: der Widerwillen gegen die Voraussetzung, dass ein Apollon, wie der vom Belvedere, mit den Exuvien vom Marsyas zu denken sei, muss um so geringer werden, je mehr Wahrscheinlichkeit man dem Umstande einräumt, dass der Künstler diesen eben als widerwärtiges Scheusal gefasst wissen wollte. Es befremdet Niemanden, den Perseus mit dem Medusenhaupte, die Athena mit demselben und noch dazu mit der Aegis zu sehen, die doch als das von der Göttin selbst abgezogene Fell der Gorgo oder gar ihres eigenen Vaters, des Pallas, galt. Hängt das damit zusammen, dass die Aegis nicht als menschliche Haut naturgetreu dargestellt ist, nun so konnte auch unser Künstler dasselbe Verfahren in Betreff des Marsyasfells einhalten, der ja als ϑήρ galt.

Und nun schliesslich nur noch ein paar Worte über das Material der Originalstatue, auf welche sowohl der Apollon Stroganoff als auch der vom Belvedere zurückzuführen ist! Ob jenes Bronze oder Marmor war, das kann an sich nicht mit Sicherheit entschieden werden, wenn es nach unserer Ueberzeugung auch feststeht, dass die Angabe eines Oelbaums auch bei dem Originale nicht fehlte. Denn, dass der Baumstamm bei dem Vaticanischen Apollon aus keinem andern Grunde vorhanden sei, als weil eine Marmorstatue von der Art ohne eine solche Stütze nicht stehen könne, wird, nachdem es sich durch das oben S. 63 fll. Dargelegte herausgestellt hat, dass der Stamm wesentlich als bezeichnendes Attribut zu fassen ist, Niemand mehr mit Stephani S. 43 behaupten wollen. Dass dieses Attribut bei dem Apollon Stroganoff fehlt, beweis't nicht, dass dasselbe bei dem Originale der Fall gewesen sei, auch wenn dieses von Bronze war; selbst abgesehen von dem Umstande, dass, da das Fussgestell des Apollon Stroganoff verloren gegangen ist, auch bei ihm die Möglichkeit einer Beigabe des Oelbaums nicht in Abrede gestellt werden kann. Finden wir doch bei noch erhaltenen Bronzen selbst eigentliche Stützen, wenn das Sichaufstützen als attributive Handlung oder Situation des dargestellten Wesens betrachtet werden soll. Wenn man den Apollon Alexikakos des Kalamis mit Recht als Bronzestatue betrachtet, so wird man kaum umhin können, dasselbe in Betreff des vor dem Tempel des Delischen Patroos zu Athen ihm gegenübergestellten Apollon des Leochares zu thun.

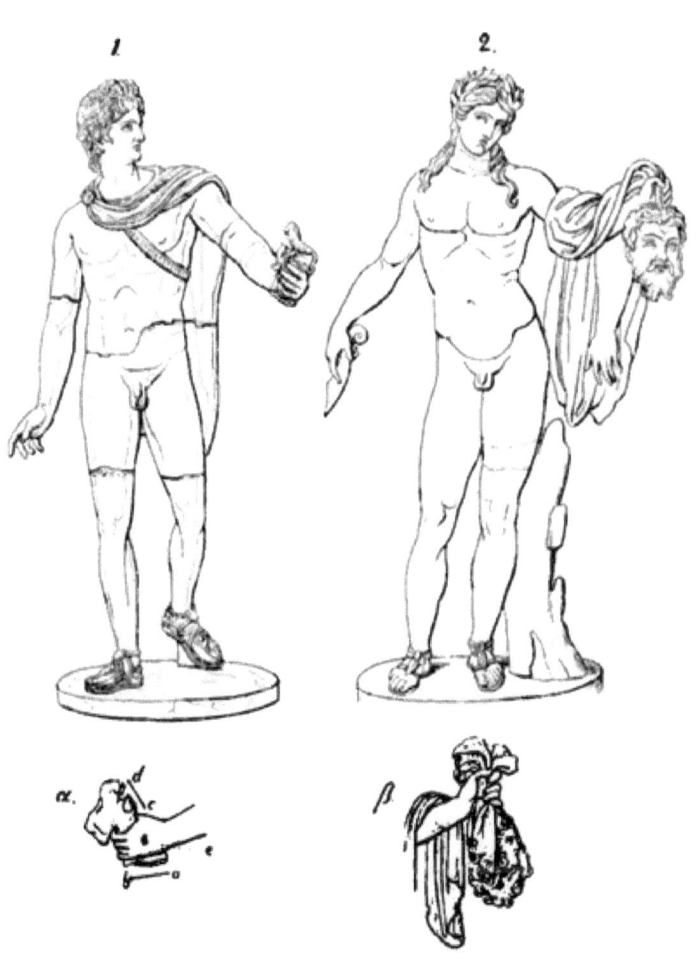